COLEÇÃO

INTERAÇÕES

Interações: diálogos com a matemática

Blucher

COLEÇÃO

INTERAÇÕES

Adriana Camejo da Silva

Interações: diálogos com a matemática

Josca Ailine Baroukh
COORDENADORA

Maria Cristina Carapeto Lavrador Alves
ORGANIZADORA

Interações: diálogos com a matemática
© 2012 Adriana Camejo da Silva
1ª reimpressão – 2015
Editora Edgard Blücher Ltda.

Capa: Alba Mancini

Foto: Josca Ailine Baroukh

Blucher

Rua Pedroso Alvarenga, 1245, 4º andar
04531-012 – São Paulo – SP – Brasil
Tel 55 11 3078-5366
contato@blucher.com.br
www.blucher.com.br

Segundo Novo Acordo Ortográfico, conforme 5. ed.
do *Vocabulário Ortográfico da Língua Portuguesa*,
Academia Brasileira de Letras, março de 2009.

É proibida a reprodução total ou parcial por quaisquer
meios, sem autorização escrita da Editora.

Todos os direitos reservados pela Editora
Edgard Blücher Ltda.

FICHA CATALOGRÁFICA

Silva, Adriana Camejo da
    Interações: diálogos com a matemática / Adriana
Camejo da Silva; Josca Ailine Baroukh, coordenadora;
Maria Cristina Carapeto Lavrador Alves, organizadora.
– São Paulo: Blucher, 2012. – (Coleção InterAções)

    Bibliografia
    ISBN 978-85-212-0669-9

    1. Aprendizagem 2. Educação de crianças
3. Matemática (Ensino fundamental) 4. Prática
de ensino 5. Professores – Formação. I. Baroukh,
Josca Ailine. II. Alves, Maria Cristina Carapeto
Lavrador. III. Título. IV. Série.

12-04935   CDD-370.71

Índices para catálogo sistemático:
1. Ensino fundamental: Diálogos com a matemática:
Interação: Educação   370.71

Dedico este livro aos meus filhos Vitor e Pedro, frutos de meu ventre, pequenos em tamanho, mas verdadeiros gigantes em sensibilidade e companheirismo. Aprendi com eles muito do que coloquei neste livro.

Nota sobre a autora

Adriana Camejo da Silva é Doutora em Educação Matemática pela PUC/SP, Mestre em Educação pela Universidade Presbiteriana Mackenzie, psicopedagoga e pedagoga. Atua como assessora de matemática para os anos iniciais do Ensino Fundamental em escolas particulares de São Paulo e como docente no ensino superior, na Universidade Presbiteriana Mackenzie, ministrando a disciplina Fundamentos e Metodologia do Ensino de Matemática.

Prefácio

O livro da educadora e pesquisadora Adriana Camejo tem muitos méritos. Tais méritos são de duas ordens: teórica e prática. Teórica porque, dialogando criticamente com a literatura pertinente e atualizada sobre a metodologia no ensino da Matemática nos anos iniciais do Ensino Fundamental, abre um campo fértil de reflexão. Prática porque, adaptando os instrumentos teóricos à realidade concreta e complexa da sala de aula, abre a possibilidade não só de fundamentar a reflexão, mas também de tentar modificar tal realidade.

Transformar ideias em palavras é um desafio e tanto. Este foi ultrapassado pela autora que, com maestria, nos convida a um percurso de um caminho, às vezes, muito mal compreendido do ensino da Matemática nos anos iniciais. Transformar esse campo do saber – sua aprendizagem frequentemente declarada árdua pelas crianças, como também seu ensino por parte dos professores – isto é, apontar um caminho mais plano e mais alegre, exige ousadia. É o que faz Adriana Camejo, aliando teoria e prática, em uma imbricação que possibilita transformar tais ideias em vivências, não só já experimentadas e por ela testemunhadas, mas as que propõem aos leitores a serem (com)partilhadas.

Em um texto claro e conciso, por isso agradável, Adriana Camejo traz marcas pessoais, fruto de seu rico percurso como pesquisadora da área. Sobretudo, seu olhar permanente de educadora que permeia o texto de possibilidades num anseio e desejo permanente de melhorar nossas ações docentes. Este olhar dá um "tempero" especial àquilo a que se propõe.

É importante ressaltar que a autora consegue apresentar todas essas informações em linguagem compreensível e "leve", transformando ideias complexas no campo do ensino da Matemática, em uma transposição adequada para o ambiente concreto e real de sala de aula, sem abrir mão do rigor que tais ideias matemáticas exigem.

Nestes últimos anos de convívio com Adriana, assisti ao desenvolvimento de uma pesquisadora e educadora cuja preocupação com o ensino da Matemática desembocou nesse trabalho. Cabe sinalizar que usufruir proximamente da seriedade e competência profissional da autora foi e tem sido um privilégio. Percebê-la como uma pessoa extremamente humana são marcas que, inegavelmente, vocês notarão no texto. Assim, aproveite-o, desfrute-o com um sabor especial.

Boa caminhada, boas reflexões e boas práticas!

Paulo Fraga da Silva

Apresentação

Educar é interagir, é agir **com o outro**, o que acarreta necessariamente a transformação dos sujeitos envolvidos na convivência. Foi esta a ideia que elegemos para nomear a coleção InterAções. Acreditamos que ensinar e aprender são ações de um processo de mão dupla entre sujeitos, que só terá significado e valor quando alunos e professores estiverem questionando, refletindo, refazendo, ouvindo, falando, agindo, observando, acolhendo e crescendo juntos.

Com base nessa premissa, convidamos autores e professores. Professores que conhecem o chão da sala de aula, que passam pelas angústias das escolhas para qualificar as aprendizagens das crianças, seus alunos. Professores que, em sua grande maioria, também são coordenadores de formação de grupos de professores, conversam com professores e, portanto, conhecem o que os aflige.

A esses autores, pedimos que estabelecessem um diálogo escrito sobre temas inquietantes em suas áreas de atuação. Temas que geram muitas dúvidas sobre o que, como e quando ensinar e avaliar. Temas recorrentes que, se abordados do ponto de vista de novos paradigmas educacionais, podem contribuir para a ação, reflexão e inovação das práticas de professores da Educação Infantil e do Ensino Fundamental I.

Apresentamos nesta coleção situações de interação entre professores e crianças: exemplos, sugestões pedagógicas e reflexões. Pontos de partida para o professor repensar sua prática e proporcionar aos seus alunos oportunidades de se sentirem e de serem protagonistas de suas aprendizagens. Acreditamos ser importante que o professor questione sua rotina e construa um olhar apurado sobre as relações cotidianas. Estranhar o natural estimula a criatividade, a inovação, o agir. E, assim, é possível ir além do que já se propôs no ensino desses temas até o momento.

Nosso intuito é compartilhar as descobertas geradas pelo movimento de pesquisa, reflexão e organização do conhecimento na escrita dos autores. E proporcionar ao professor leitor a experiência de um "olhar estrangeiro", de viajante que se deslumbra com tudo e que guarda em sua memória os momentos marcantes, que passam a fazer parte dele. Queremos animar em nosso leitor a escuta atenta e estimular suas competências técnicas, estéticas, éticas e políticas, como tão bem explica Terezinha Azeredo Rios.

Em meio às dificuldades de ser professor na contemporaneidade, os profissionais da educação persistem na criação de planejamentos e ações que promovam as aprendizagens de seus alunos. Aos desafios, eles apresentam opções e são criativos. É para esses profissionais, professores brasileiros, e para seus alunos que dedicamos nossa coleção.

Boa leitura!

Josca Ailine Baroukh

Sumário

Introdução 15

**1   O que apareceu primeiro: o homem ou
a Matemática?** 17

2   Quem precisa de Matemática? 19

**3   É possível melhorar o ensino de Matemática
nas escolas! Como assim?** 27

   3.1   A didática francesa 29

   3.2   Piaget e o desenvolvimento da inteligência 33

   3.3   Vygotsky e o desenvolvimento e
a aprendizagem 35

   3.4   A teoria das situações didáticas 38

   3.5   A escolha dos conteúdos 42

4   E os conteúdos matemáticos? 43

   4.1   Sistema de numeração decimal:
memorizar ou entender? 43

   4.2   A intervenção do professor 49

   4.3   Tabuada: compreender antes de memorizar!..... 69

   4.4   É hora da conta armada!...................................... 75

5	**Grandezas e Medidas**	85
6	**Geometria – que espaço?**	91
7	**Como tratar a informação nos anos iniciais do Ensino Fundamental?**	107
8	**Avaliação e (re)planejamento das ações docentes**	113
	Referências Bibliográficas	117

Introdução

Educar sempre significou para mim uma atividade que incide em formação contínua, e devido a este meu sentimento de inconclusão, implica em busca constante por aprendizagem e aperfeiçoamento.

Essa característica marcou minha trajetória pessoal de formação profissional, desde a graduação em Pedagogia, seguida da pós-graduação – Especialização em Psicopedagogia –, período em que, concomitantemente, fui docente na Educação Infantil e nos anos iniciais do Ensino Fundamental. Naquela época, a prática docente cotidiana colocava-me muitas dúvidas a respeito dos encaminhamentos por mim selecionados a fim de conduzir a sala de aula, e para os quais minha formação inicial não indicava alternativas.

Assim busquei mais formação em cursos de pós-graduação, mestrado e doutorado, sempre procurando compreender melhor a relação entre minha prática profissional e a aprendizagem de meus alunos. E segui exercendo a docência.

Especialmente em relação ao ensino da Matemática, observei entre meus pares sentimentos diversos: aversão, prazer, indiferença. Eu prosseguia acreditando que, como toda área, a docência na Matemática nos anos iniciais da escolarização demandaria saberes, fossem eles matemáticos ou outros.

Passei a atuar no ensino superior, carregando comigo a bagagem e a experiência que os longos anos de docência nos anos iniciais do Ensino Fundamental me ajudaram a construir.

Neste livro compartilho com você, professor, ao menos parte dessa bagagem. Durante sua leitura, você vai encontrar trechos de aulas que eu mesma ministrei, ou nas quais intervi de algum modo, no papel de interlocutora de professores atuantes nos anos iniciais do Ensino Fundamental.

O que você vai ler é parte importante de minha própria história de vida. Por isso, acredito que ao longo da leitura vamos nos conhecer um pouco melhor, eu, você e a Matemática. Você não precisa ler absolutamente tudo, na ordem em que as páginas se apresentam. Pode avançar, retroceder, estudar um tópico ou outro.

Assim, muito prazer e bem-vindo à minha casa!

Boa leitura!

1 O que apareceu primeiro: o homem ou a Matemática?

Essa é uma pergunta importante! Afinal, muitos de nós temos a sensação de que a Matemática sempre existiu, está pronta nos livros didáticos desde antes de chegarmos à escola!

Isso leva muitos de nossos alunos a se perguntarem: por que tenho que aprender isso? Nunca vou usar, mas tenho que aprender, para tirar nota ou para passar de ano.

Infelizmente, muitas crianças passam pela escolarização inicial sem se darem conta do papel da Matemática no cotidiano das pessoas, da importância da área para o exercício da cidadania. E o que é pior: talvez muitos professores que hoje atuam nessa etapa da escolarização tenham tido experiências parecidas com a Matemática.

Assim, divido com vocês parte de minha trajetória de vida, experiências em sala de aula, conflitos e inquietações que foram surgindo ao longo de nossa caminhada docente. Convivo com os desafios há mais de 20 anos, ao longo dos quais atuei em todos os níveis de ensino, da Educação Infantil ao Ensino Superior. Nesse longo caminho, errei inúmeras vezes, acertei algumas outras, e dessa experiência reuni produções dos alunos, de todas as idades, reflexões em função das situações enfrentadas em sala de aula.

A primeira questão que entendo ser importante abordar é o fato de que a Matemática não é uma dádiva dos deuses, ou uma área reservada para as pessoas mais inteligentes. Ela nasceu das necessidades humanas – contar, organizar, superar obstáculos, inovar, criando instrumentos e tecnologia a fim de melhorar o cotidiano e atender as demandas da relação do homem com o mundo. Podemos dizer que a inteligência do homem, baseada nas necessidades que foram surgindo ao longo da história, promoveu a evolução do raciocínio matemático.

Você sabia?

No século XVI, quando o homem buscava ampliar seu domínio territorial, enfrentava muitas dificuldades, entre elas a construção de um meio de transporte que resistisse às intempéries da longa viagem pelo mar.

E como resolvê-las? Os arautos do rei levavam às praças desafios matemáticos à população mais simples, em busca de talentos que pudessem pensar e resolver os problemas relacionados ao transporte marítimo. Aquele que conseguisse resolver o problema poderia até mesmo receber títulos de nobreza e muita riqueza!

Imagine um mundo no qual não se conhecia equações, fórmulas matemáticas e nem mesmo os cálculos mais simples eram manipulados pela população! Mesmo assim, algumas pessoas investigavam os fenômenos do dia a dia, em busca de soluções para pequenos problemas, inclusive os matemáticos.

Pois bem, isso já aconteceu na história da humanidade, e o homem avançou em saberes e conhecimentos porque é possível e necessário vincular algum sentido aos problemas matemáticos. Foi assim, e acreditamos que ainda seja, quando nos propomos a ensinar nossos alunos. ■

2 Quem precisa de Matemática?

As pessoas ligam a ideia de matemática à contagem de números e cálculos no papel, mas, no cotidiano, calculamos riscos e organizamos a nossa vida todos os dias, a começar pelo uso do relógio, que nos ajuda na rotina do dia. Medidas e grandezas, sistema de numeração e operações fazem parte do nosso dia a dia. Temos Matemática em tudo!

A Matemática é um campo de conhecimento vivo, que nos ajuda a compreender melhor o mundo que nos rodeia. Em nossa vida, a Matemática não é apenas encadeamento de conceitos e técnicas e, muito menos, é um aprendizado linear.

As crianças pensam assim...

Em uma aula de Ciências, quando estudávamos o ciclo da água, afirmei para um grupo de crianças de seis anos, aproximadamente, que nosso corpo é constituído por 50% (metade) de água. Um de meus alunos interrompeu com a pergunta: "professora, em qual metade do corpo há apenas água? Da cintura pra cima ou da cintura pra baixo?" Esse é um exemplo de como as crianças constroem relações matemáticas ricas de sentido, mesmo que não se aproximem do convencional, aquele conhecimento que está nos livros! ■

Gradativamente, as crianças avançam na construção de hipóteses e relações cada vez mais adequadas e alinhadas à convencionalidade, mas é imprescindível que o professor na sala de aula permita que elas explorem suas hipóteses e ideias a respeito do mundo.

Pesquisas desenvolvidas na área da Educação Matemática nos últimos anos, que envolvem tanto o ensino quanto a aprendizagem dos alunos e a formação docente, também têm apontado para a necessidade de a sala de aula proporcionar experiências por meio das quais os alunos possam atribuir algum sentido matemático aos conteúdos estudados e avançar em sua apropriação do conhecimento dessa área. Por exemplo, no caso do estudo do sistema de numeração decimal, permitir aos alunos explorarem possibilidades de resolução de problemas com base em suas próprias ideias a respeito do sistema de numeração pode significar uma boa situação de aprendizagem. Pode ainda promover o avanço das hipóteses de cada um, tanto sobre decomposição numérica (um número pode ser decomposto em vários outros, ou seja, um número é a soma de outros) quanto a respeito dos sentidos das quatro operações matemáticas (adição, subtração, multiplicação e divisão), conforme veremos adiante.

Nesta perspectiva, a aula deixa de ser uma situação na qual o professor explana acerca de um assunto, transfere seu conteúdo, ou mesmo resolve exercícios na lousa para que os alunos sigam o exemplo – modelo muito comum de conduta didática, ainda encontrada nas escolas, que se refere a uma *concepção transmissiva*.

Ao invés disso, a aula passa a ser uma situação na qual o foco é a investigação matemática dos alunos, pois são tidos como protagonistas da construção de seus conhecimentos. O papel do professor é ser mediador entre os conteúdos e os alunos, de forma a levá-los à descoberta e construção de seus conhecimentos matemáticos, aguçando a curiosidade sobre a Matemática em seu cotidiano. Estamos nos referindo a uma *concepção interacionista* de ensino e aprendizagem, que se opõe à *concepção transmissiva*, acima descrita.

Para professores do primeiro ao quinto ano do Ensino Fundamental I que buscam uma atuação orientada pela *concepção interacionista* – dando voz aos alunos, ouvindo e valorizando suas hipóteses, suas ideias diante de problemas – é um desafio gerenciar a transformação de sua prática, orientando-a para situações de investigação, nas quais os sentidos de certo e errado se modificam diante das hipóteses e dos conhecimentos parciais das crianças, até a proposição explícita de certas regras matemáticas, ou seja, a formalização.

Muitas vezes, pode ocorrer uma ruptura nesse processo, modificando o **contrato didático**, que antes aceitava a exploração, para uma situação na qual o professor indica o que os alunos devem saber, o que nem sempre atende às necessidades de todos, pois cada aluno tem seu ritmo de aprendizagem.

Referimo-nos às regras e convenções que se estabelecem na relação entre alunos e professor, como, por exemplo, o tratamento do erro em sala de aula. Ele é evitado ou visto como oportunidade de investigação? O contrato didático permeia a relação de ensino-aprendizagem que se estabelece entre o professor e os alunos, influenciando a maneira como os alunos se defrontam com os desafios.

Você pode estar se perguntando: mas a Matemática não continua sendo uma ciência exata, na qual há certo e errado?

Nossa resposta para essa pergunta é: sim, a Matemática segue sendo uma ciência exata, mas do ponto de vista do ensino, necessitamos encontrar uma maneira de lidar com o erro que abrigue o pensamento matemático elaborado por nossos alunos. Há alguns erros determinados pela forma como as crianças pensam; entre eles a escrita aditiva de números, descrita por Lerner (1996), assim como há outros que podem ser determinados pela condução do ensino. Um exemplo disso é a ideia de que para resolver problemas, as crianças precisam conhecer o algoritmo convencional, ou a chamada conta armada. Nesses casos, as crianças tendem a buscar "palavras-chaves" no enunciado, que poderiam determinar o cálculo a ser feito, como "ganhei", "perdi", "mais" etc.

O papel do professor é criar e estimular um espaço didático no qual se privilegia o processo de pensamento, de exploração de hipóteses. No entanto, não nos deixamos levar por um eterno investigar sem que haja a exploração da ideia matemática convencional, incluindo as formas de registro.

Entendemos que haja saberes docentes fundamentais para se equilibrar a investigação e a convencionalidade em sala de aula, e neste livro vamos explorá-los.

Aprender a gerenciar as diferenças na sala de aula, atendendo à diversidade, estimulando o aprender a aprender são grandes desafios docentes da atualidade. Encará-los implica a necessidade de revermos algumas de nossas crenças a respeito de quem ensina, quem aprende, o que e como se ensina na aula de Matemática nos anos iniciais do Ensino Fundamental.

Em busca desse repertório é que retomamos o trabalho de Vygotsky (1998), em qual o autor nos convida a pensar a respeito de interações entre pensamento e linguagem. Para Vygotsky, antes de linguagem e pensamento se associarem, pode-se considerar a existência de uma "fase pré-verbal" no desenvolvimento do pensamento, assim como uma "fase pré-intelectual" no desenvolvimento da linguagem.

Isso nos remete à dissociação entre pensamento e linguagem, que ocorre em crianças pequenas, que estão em fase de construção da fala. Assim, mesmo antes de dominar a linguagem verbal, a criança é capaz de resolver problemas práticos, como subir em uma cadeira para alcançar um objeto, puxar um tecido para trazer um brinquedo para perto, ou ainda utilizar uma vassoura para pegar um brinquedo que está no alto.

Retomamos brevemente a essa análise da obra de Vygotsky, pois entendemos que ela caracteriza a forma como o pensamento humano se estrutura e funciona. Acreditamos que os alunos dos anos iniciais do Ensino Fundamental são capazes de perceberem **regularidades matemáticas**, assim como de expressar, mesmo que de forma **semiconcisa**, a estrutura matemática subjacente às **situações-problema** que enfrentam.

Situações-problema

Situações-problema são situações contextualizadas em práticas sociais reais. Situações que ocorrem no dia a dia, na vida, no mundo. A ideia de problemas matemáticos criados pelos professores como um "pretexto" para o mero "exercício" de operações está há muito superada. Neste livro, quando usarmos a palavra problema, estaremos nos referindo às situações-problema.

Forma semiconcisa

Como **forma semiconcisa** de expressão de regularidades matemáticas entendemos a manifestação de conhecimentos parciais, ou mesmo não convencionais, como os desenhos para a escrita de sentenças matemáticas. Abaixo um exemplo de escrita matemática semiconcisa:

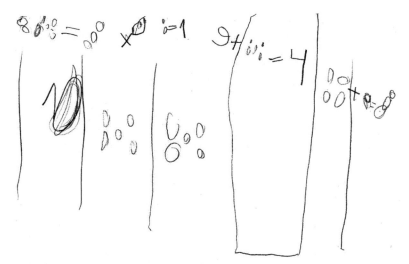

Figura 2.1 Semiconcisa
Fonte: Arquivo pessoal da autora

Regularidades matemáticas

Entendemos como regularidades matemáticas ideias que são expressas por variáveis ou representações gráficas que representam os números. Observe o exemplo abaixo.

Quantas bolinhas haverá no próximo triângulo?

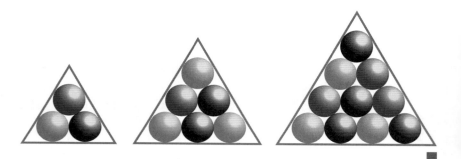

Não podemos deixar de frisar que o pensamento matemático se potencializa na medida em que o aluno desenvolve a linguagem adequada para sua expressão, posto que, de acordo com o próprio Vygotsky (1998), quando os processos de desenvolvimento do pensamento e da linguagem verbal se unem, o ser humano passa a ter um funcionamento psicológico mais sofisticado.

Em Matemática, isso aparece nas explicações dos alunos para as soluções que propõem. E se potencializa ainda mais quando os alunos passam a se apropriar da linguagem matemática. Por exemplo, quando o aluno escreve na forma de uma sentença matemática a ideia contida em um problema, 3+5= 8, ele está avançando em seu conhecimento e desenvolvendo novas estruturas mentais. Ele já superou a escrita semiconcisa que utilizou antes da apropriação dos símbolos usados para representar a sentença matemática. A fala é a representação do pensamento. A escrita é a representação da fala – representação da representação. O que implica o desenvolvimento de novas funções e estruturas mentais.

Nesse contexto, consideremos o ensino da **Aritmética** (parte da Matemática que estuda as operações numéricas) e da **Geometria** nos anos inicias do Ensino Fundamental.

Pesquisas recentes, entre as quais citamos as desenvolvidas por Vergnaud (1997) a respeito dos **campos conceituais**, bem como os documentos curriculares nacionais e internacionais, apontam para a necessidade de se trabalhar aritmética por meio de situações que privilegiem a abordagem de diversos significados e relações numéricas, atingindo ainda as operações. Ou seja, quando uma criança lê um problema de Matemática e nos questiona: *"é de mais ou de menos?"*, podemos atribuir sua dificuldade ao processo de leitura e compreensão. Mas será apenas isso?

Os documentos citados indicam novos caminhos para a reflexão dos professores a respeito do fenômeno, associando a operação adição, por exemplo, a diferentes sentidos e ações, como:

- Ações de acrescentar, exemplo: em uma festa havia 15 meninas e chegaram mais 7. Quantas meninas há na festa agora?

- Ações de reunir, exemplo: em um estacionamento há 67 carros e 12 motos. Quantos veículos há nesse estacionamento?

Assim como na adição, você pode estar pensando que a subtração se vincula a diferentes ações. Acertou!

- Ações de retirar, exemplo: em um parque de diversões havia 32 crianças. Saíram 17. Quantas crianças estão no parque agora?

- Ações de completar, exemplo: no meu álbum de figurinhas cabem 70 cromos. Eu já colei 37. Quantas figurinhas ainda preciso colar para completar meu álbum?

- Ações de comprar ou achar a diferença, exemplo: Paulo tem 6 carrinhos e João tem 10. Quem tem mais carrinhos? Quantos a mais?

Voltaremos a falar sobre o assunto quando discutirmos mais amplamente a intervenção docente para o ensino de problemas, tanto do campo aditivo como do campo multiplicativo.

Quanto ao ensino da **Geometria**, tem-se que a aprendizagem nessa área deveria desenvolver a capacidade de visualização espacial e de verbalização, além da possibilidade de resolver problemas. A criança percebe o espaço que a cerca desde muito pequena, mas aprender a representá-lo, ou ainda problematizá-lo, para melhor entendê-lo é um dos papéis da escola.

A Geometria é a parte da Matemática cujo objeto de estudo é o espaço e as figuras que podem ocupá-lo. A partir da experiência, ou, eventual e intuitivamente, as pessoas caracterizam o espaço por certas qualidades fundamentais.

Dedicamo-nos neste livro a tratar desses eixos e de suas relações, que originam outros eixos de conteúdo, como o das grandezas e medidas, ou ainda o denominado tratamento da informação.

Convidamos você, professor, a seguir conosco nessa reflexão!

3 É possível melhorar o ensino de Matemática nas escolas! Como assim?

Em minha trajetória como professora e como coordenadora de área deparei-me inúmeras vezes com situações nas quais as crianças enfrentavam dificuldades com a matemática, e questionei-me sobre como ajudar, o que mudar, ou como fazê-lo.

Quantas vezes isso já não aconteceu com você? Um aluno, uma atividade, uma avaliação nas quais os resultados ou encaminhamentos não atenderam aos objetivos propostos. No entanto, não estamos sozinhos nesse processo. Muitos outros profissionais da educação e da Matemática, também se questionam sobre essas e outras situações.

As reflexões que foram surgindo do esforço dessas pessoas em prol do ensino e da aprendizagem da área apontaram muitos caminhos. O movimento da Matemática Moderna, por exemplo, foi um momento no qual psicólogos e matemáticos reuniram-se a fim de buscar soluções para um quadro preocupante de fracasso escolar. Infelizmente, os resultados desse esforço não lograram êxito. Ao invés disso, as ideias estruturantes da área, como a teoria dos conjuntos, foram transpostas para o início da escolarização, acarretando uma dissociação entre número e quantidade.

Outra situação preocupante é a tendência de se introduzir, ainda no início da escolarização, procedimentos de cálculo convencionais. A atividade denominada "arme e efetue", que embora pareça em alguns momentos ajudar as crianças a avançarem, revela-se devastadora da possibilidade de atribuir algum sentido matemático às ações.

O que geralmente ocorre é que a criança memoriza os procedimentos, sem realmente entender o que está fazendo, o que gera um fazer que envolve apenas *"subir um"*, *"emprestar"*, *"organizar número embaixo de número"*, sem real sentido matemático. Isso a impossibilita de pensar como resolver os problemas matemáticos com que se defronta no dia a dia, pois acredita que só há uma forma correta de fazê-lo!

Todas essas ações envolvem conceitos matemáticos, que demandam tempo didático para serem construídos, planejamento e gestão do tempo didático por parte do professor, esforço de quem aprende. A didática da Matemática se estruturou ao longo dos últimos anos como uma área de estudo e pesquisa, que tem como objeto de investigação a associação de conceitos e teorias matemáticas à especificidade educacional do saber escolar matemático.

Essa concepção de área de estudo e pesquisa visa compreender as condições de produção, registro e comunicação do conteúdo escolar da Matemática e de suas consequências didáticas. Se entendermos quais as ideias e hipóteses que os alunos têm a respeito dos conceitos matemáticos, podemos planejar situações em que essas hipóteses não se mostram eficazes, o que promove a necessidade de pensar e criar novas hipóteses e explicações para que avancem.

Quando nos perguntamos se é possível melhorar o ensino de Matemática sabemos que esse é um processo que envolve não apenas os professores, mas também políticos, autores de livros, especialistas etc. Sabemos da complexidade desse processo e não queremos cair na tentação de simplificá-lo, pois conhecemos de perto as demandas de sala de aula, inserida no contexto da instituição escolar.

No entanto, também não nos furtamos a analisar nossas práticas docentes e buscamos, além de melhor entendê-la, ajudar os professores a pensar em seus próprios alunos! Nesse processo, sugerimos uma aproximação à didática francesa, às ideias que acreditamos aproximarem-se dos anos iniciais da escolarização com maior precisão.

Alertamos que as ideias expostas abaixo não são as únicas que compõem o quadro de obras desenvolvidas pelos autores franceses, mas as escolhemos em função de nosso objetivo nesta obra.

3.1 A didática francesa

Entre as inúmeras contribuições que pesquisas desenvolvidas na França têm garantido à área de Matemática e a seu ensino, destacamos duas delas: a **teoria dos campos conceituais** proposta por **Gérard Vergnaud** (1996), e a **teoria das situações didáticas** formulada por **Guy Brousseau** (1986), por se proporem a compreender aprofundadamente o processo de aprendizagem da Matemática na escola.

Gérard Vergnaud (1933)

Matemático, filósofo e psicólogo francês. Formado em Genebra, compôs o segundo conjunto de pesquisadores doutorados por Jean Piaget. Professor emérito do Centro Nacional de Pesquisa Científica (CNRS), em Paris. Vergnaud é pesquisador em didática da Matemática, tendo elaborado a "teoria dos campos conceituais".

Guy Brousseau (1933)

Educador matemático francês. Em 2003 recebeu a medalha Felix Klein pelo desenvolvimento da **teoria das situações didáticas**, baseada na ideia de que cada conhecimento ou saber pode ser determinado por uma situação.

A teoria dos campos conceituais

Vergnaud (1996) procurou compreender as condições de aprendizagem de conceitos matemáticos, por meio das quais as experiências escolares pudessem ser vias de acesso para a construção de conceitos pelos alunos. Ou seja, a teoria foi desenvolvida com o objetivo de estudar as condições de compreensão do significado do saber escolar pelas crianças, entendendo as rupturas e as aproximações que as ideias iniciais dos alunos a respeito de conceitos matemáticos estabelecem com o saber mais aprimorado.

Como as hipóteses iniciais dos alunos a respeito de um problema são entendidas por eles, quando da compreensão mais abrangente?

As crianças pensam assim...

Propusemos um problema matemático a uma classe de crianças de 6 anos, que estudava o fundo do mar. "Havia 2 tartarugas totalmente escondidas atrás de uma pedra, no fundo do mar. Quantas patas estavam escondidas?"

Diante da resposta "4 patas" de um aluno, outro contrapôs-se, desenhando as duas tartarugas, cada qual com 4 patas, afirmando que eram 8 patas escondidas.

De acordo com o próprio autor, essa teoria não foi criada para ser aplicada somente à Educação Matemática, mas foi desenvolvida observando-se a estrutura progressiva de elaboração de conceitos pelos alunos.

O estudo do desenvolvimento de um conceito requer que o professor o perceba a partir de uma terna de elementos:

S, I, R,

onde:

S diz respeito a um **conjunto de situações** que tornam o conceito significativo;

I refere-se a um **conjunto de invariantes**,[1] que podem ser reconhecidos e utilizados pelo sujeito que aprende;

R é um conjunto de **representações simbólicas** que podem ser usadas a fim de pontuar e representar diferentes situações.

A compreensão e a construção de determinado conceito não emerge de um tipo de situação apenas, mas de uma variedade delas, que podem ser organizadas e dirigidas pelo professor em diferentes momentos do cotidiano escolar.

Por exemplo, como uma criança aprende a contar? Para iniciar esse processo, adotamos o exemplo da contagem dos elementos de uma coleção (coleção móvel, em que os elementos podem ser mudados de lugar, como chaveiros, figurinhas etc.). O conceito (**R**) é representado pela coleção em si, e a oferecemos para que a criança os manipule e pedimos para que os conte (**S**, ou seja, a contagem em si).

Figura 3.1 Criança contando coleção móvel
Fonte: Arquivo pessoal da autora

---

[1] Entendemos a expressão conjunto de invariantes, como as entratégias de resolução elaboradas pelos alunos.

A criança poderá dispor os objetos em uma fila para não se esquecer de contar nenhum deles (**I**). Porém, uma criança que se depare apenas com esse tipo de situação poderá enfrentar dificuldades na realização de contagens quando os objetos não puderem ser manipulados, como é o caso de desenhos, o que chamamos de coleção fixa.

Quantas tampinhas há na coleção de Ana?

Coleção fixa

Neste caso, a criança precisará construir novas estratégias (I), como riscar os desenhos já contados, por exemplo.

Outro ponto importante, no caso da proposta de contagem, é o necessário emprego do **princípio da ordenação** o que podemos indicar como o item **I** da terna acima indicada.

Princípio da ordenação foi descrito por Piaget referindo-se à percepção da necessidade de se ordenar uma coleção para sua contagem, mesmo que mentalmente. Isso evita que se conte mais de uma vez uma determinada peça da coleção.

Ao contar uma fileira de objetos, a criança precisa ainda produzir nomes de números, na mesma ordem a cada tentativa de contagem. E, finalmente, a criança precisa entender e colocar em ação a **inclusão de quantidades**.

Inclusão de quantidades foi a ideia descrita por Piaget referindo-se à regularidade numérica de que, por exemplo, dentro do 5 estão as quantidades 4, 3, 2, 1, o que garante a ideia de quantidade.

Para um aprofundamento a respeito das estruturas envolvidas na contagem – *princípio da ordenação* e *correspondência um*

É possível melhorar o ensino de Matemática nas escolas! Como assim?

a um, recomendamos a leitura do volume dessa coleção indicado para professores da Educação Infantil.

A necessidade de vincular a construção de conceitos às situações experimentadas no cotidiano fez Vergnaud retomar a teoria de desenvolvimento cognitivo de Piaget, no que se refere à função simbólica.

3.2 Piaget e o desenvolvimento da inteligência

Piaget pesquisou os caminhos que a inteligência da criança percorre até chegar à forma de pensamento do adulto, conhecida por *pensamento operatório abstrato*, que é a capacidade de lidar com representações (ou símbolos) no nível mental apenas. Ou seja, não necessita estar diante do problema para pensar nele. O sujeito é capaz de antecipar projetos e os resultados das ações que realiza, sem o suporte material.

Para chegar até aí, a criança passa por vários estágios de desenvolvimento que se sucedem, ampliando sua capacidade de pensar e agir no mundo. Esses estágios se sucedem por conta dos processos de assimilação e acomodação dos esquemas que o sujeito cria.

O primeiro desses estágios é o *sensório-motor*, em que a criança atua inteligentemente no mundo por meio de seu corpo, de suas ações, quando ainda não tem grande domínio da linguagem verbal. A criança cria esquemas motores: aprende como abrir e fechar armários, colocar tampas nas panelas, empilhar objetos do maior para o menor.

O segundo é o estágio *pré-operatório*, em que a criança já tem domínio da linguagem verbal, por volta dos 3 ou 4 anos, mas ainda não percebe a reversibilidade das ações. Ou seja, ela ainda não é capaz de perceber que a quantidade de massa ou de volume se mantém mesmo quando se muda sua forma ou se o recipiente em que o líquido está acomodado apresenta altura ou diâmetro diferentes.

O desenvolvimento da linguagem verbal mostra que ela já começou a construir a função simbólica: capacidade de colocar algo (um signo) no lugar de outra coisa. Por exemplo, a palavra cachorro para referir-se ao animal, mesmo em sua ausência. Ou o desenho de uma cadeira para evocar o objeto.

O célebre quadro de René Magritte, produzido entre 1928 e 1929, nos coloca diante da questão:

Figura 3.2 *La Trahison des Images*, de René Magritte
Fonte: Imagem retirada do site <http://www.vulgart.bc>

Isso é um cachimbo? Nós podemos pegá-lo e fumar? Ou é a representação do cachimbo?

A capacidade de representação, ou função simbólica, nos torna humanos. Somos a única espécie que não se relaciona diretamente com o mundo: usamos ferramentas e instrumentos. A linguagem é uma dessas ferramentas, que mede a nossa relação com os outros e com o mundo.

Por volta dos 7 anos, a criança já é capaz de perceber a reversibilidade, e isso a ajuda na construção do entendimento das operações. É o período *operatório concreto*, em que ela já é capaz de operar, agir sobre o mundo, mas necessita da concretude para agir. Esse estágio se prolonga até a entrada da adolescência, quando a criança entra no estágio das *operações formais*. Nele, além de ampliar as capacidades e habilidades já conquistadas, o sujeito cria esquemas conceituais abstratos e por meio deles executa operações mentais dentro de princípios da lógica formal.

A teoria de desenvolvimento proposta por Piaget não reduz os professores e adultos a meros expectadores do crescimento e do amadurecimento das crianças. Ao contrário! À medida que são estimuladas, as crianças desenvolvem novos esquemas e novas estruturas mentais. Aqui reside uma compreensão básica para nortear os professores: é preciso criar situações de aprendizagens desafiantes.

3.3 Vygotsky e o desenvolvimento e a aprendizagem

Para melhor entender esta afirmação, retomemos a teoria de desenvolvimento de Vygotsky. Este autor propõe que o desenvolvimento do sujeito ocorre em uma espiral dialética, em que há uma zona de desenvolvimento real e uma zona proximal. A zona de desenvolvimento real é aquela que o sujeito acessa para resolver os problemas que encontra sozinho, sem ajuda. A zona de desenvolvimento proximal é aquela em que o sujeito é capaz de resolver os problemas propostos, desde que conte com o apoio de um membro mais experiente da cultura.

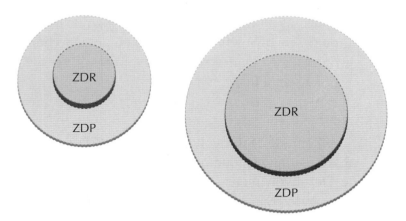

Figura 3.3 Zona de desenvolvimento real (ZDR) e zona de desenvolvimento proximal (ZDP)

As crianças pensam assim...

Caio é um menino de 6 anos que já sabe contar coleções móveis até 20. É a primeira vez que vai jogar trilha e usar dados. Ele não conhece dados, mas conta com o apoio de Daniela, sua amiga, que o convida a jogar. Daniela começa, joga o dado e tira cinco, que reconhece por experiência, pela forma em que as bolinhas estão dispostas no dado. Ela move seu peão cinco casas. Caio imita a amiga e joga o dado. Tira quatro, e fica parado. Daniela mostra a ele que é possível contar as bolinhas daquela face do dado. Caio as conta e anda quatro casas. E o jogo prossegue. Ao longo do jogo, Caio começa a reconhecer o "desenho" das faces do dado.

Neste exemplo, Daniela, mesmo sendo da mesma idade de Caio, é um membro mais experiente da cultura em relação ao jogo de dados. Com seu auxílio, Caio é capaz de aprender a jogar trilha. Sem seu auxílio, não seria capaz de fazê-lo. Podemos afirmar que, no início, o jogo de trilha estava na zona de desenvolvimento proximal de Caio e, no final, já fazia parte de sua zona de desenvolvimento real – Caio já é capaz de jogar trilha sem ajuda. ■

A Zona de Desenvolvimento Real (ZDR) está sempre se ampliando, uma vez que o sujeito está sempre aprendendo. A Zona de Desenvolvimento Proximal (ZDP) também está sempre se ampliando! É nesta última que os professores precisam atuar: não adianta ensinar o que já está na ZDR, o que o sujeito já faz sozinho. Isso ele já sabe! É necessário atuar na ZDP, naquele espaço em que a criança, ou adulto, necessitam de ajuda para realizarem a proposta. Por isso, saber o conhecimento prévio dos alunos (ZDR) é tão importante! É com base nele que novos desafios podem e devem ser planejados.

A distância entre aquilo que a criança é capaz de fazer sozinha e aquilo de que necessita da colaboração de outra pessoa é chamada de *Zona de Desenvolvimento Proximal* ou *Potencial*. O único responsável por criar a zona de desenvolvimento proximal é o aprendizado, tanto social como individualmente.

Figura 3.4 Dois niveis de desenvolvimento

O acesso à função simbólica nos permite pensar sobre as várias maneiras que as crianças usam para representar um conceito a partir de sua interação com diversas situações. Essa é uma questão que se refere à didática, e que precisa ser enfrentada por professores e alunos no dia a dia.

Nem sempre conseguimos representar o que estamos pensando – expressar as ideias por meio de qualquer linguagem. Todavia, a área de Matemática necessita dessa representatividade, já que falamos sobre algo que existe no campo das ideias apenas, como, por exemplo, a ideia de número. Os números não existem concretamente. São constructos mentais. Não encontramos números na natureza – uma árvore de números. Utilizamo-nos deles para representar medidas e grandezas, entre outros.

3.4 A teoria das situações didáticas

Os diferentes conceitos matemáticos se inserem em um campo conceitual, que, por sua vez, pode ser definido como um conjunto de situações cuja apropriação requer o domínio de vários conceitos de naturezas diversas. Todos esses conceitos não se desenvolvem de forma concomitante, mesmo que integrem um mesmo campo conceitual. Daí a característica de devir, ou permanente possibilidade, da construção dos campos conceituais.

Por isso, um dos principais desafios do professor quando ensina Matemática é construir uma rede de relações entre as diferentes ideias e a resolução de problemas, de maneira a tornar essa rede de significados coerente.

As relações são, às vezes, simples constatações que fazemos sobre a realidade: a água vai transbordar quando há torneira aberta em pia tampada; ou Mariana é mais alta do que Pedro. Outras vezes elas não são diretamente constatáveis e devem ser inferidas ou aceitas: um céu com nuvens carregadas prenuncia chuva. A criança nem sempre é capaz de fazer essas constatações, pois elas supõem uma atividade material e intelectual que pode estar acima de suas possibilidades. Por exemplo, a relação "mamãe é filha da vovó" não é uma relação diretamente constatável para uma criança. Para fazê-la compreender é necessário recorrer a explicações verbais de certa complexidade.

No plano didático, os conceitos matemáticos estão fortemente relacionados à resolução de problemas, sendo esse o contexto no qual o aluno pode desenvolver sua compreensão do conceito, desde a fase inicial, rumo ao conhecimento mais elaborado, mesmo quando consideramos as fases iniciais de aprendizagem de um campo conceitual.

Quando a criança chega à escola, seu conhecimento está marcado de forma evidente pelos conhecimentos oriundos do cotidiano, seus conhecimentos prévios, as explicações que criou durante suas vivências. Mesmo quando não explicam toda a complexidade de um conceito, esses conhecimentos devem ser considerados pelo professor para elaborar propostas interessantes.

O desafio didático consiste em encontrar alternativas para transformar o saber cotidiano das crianças em saber escolar, formalizado, preparando o caminho para a passagem de um pensamento senso comum para um pensamento científico. Esta trajetória de formalização se inicia pelo questionamento do saber do cotidiano e passa pela experimentação, o que indica a concepção do trabalho docente.

É necessário partir do que a criança sabe, mesmo que esse saber seja parcial, propondo novas experimentações, didaticamente organizadas, para que as crianças possam avançar na elaboração de conceitos cada vez mais precisos.

Do discutido até aqui, podemos afirmar que a teoria dos campos conceituais propõe uma interpretação de como as crianças constroem a rede de relações que caracteriza o campo conceitual em questão. No entanto, a aplicação desse estudo em sala de aula ocorre por meio de *situações didáticas*. Entendê-las foi a contribuição de Brousseau (1986). Suas pesquisas buscaram compreender quais condições seriam necessárias para que um sujeito tivesse a necessidade de construir determinado conhecimento matemático. Afinal, a aprendizagem e a inventividade humanas só se manifestam diante de necessidades, de desafios. Para o autor, o meio no qual inserimos nossos alunos deve ser remodelado, a fim de suscitar tal necessidade.

Brousseau (1986) entende por "situação" um modelo de interação entre um sujeito e um meio determinado. Assim, uma *situação didática* tem como finalidade desenvolver propostas de trabalho escolar para o ensino e a aprendizagem de determinado assunto. E se constitui por múltiplas relações entre professor, alunos e conteúdo. Na ausência de um professor, na qual alguns alunos se reúnem a fim de estudar, podemos ter uma situação de estudo, envolvendo alunos e conteúdo, mas não uma situação didática. *Os três elementos – professor, alunos e conteúdo – constituem a situação didática e são imprescindíveis a ela.*

Brousseau (1986) aponta uma possível influência da natureza do saber matemático nas relações pedagógicas estabelecidas entre professor e alunos. De forma análoga, o professor também pode ser influenciado pela natureza do trabalho matemático, como quando imprime excessiva rigidez no trato do conteúdo, sem possibilitar alternativas de resolução, diversidade de hipóteses e procedimentos dos alunos.

Na análise das interações entre a tríade constituída por alunos, professor e conteúdo, cabe ainda ressaltar a questão da abordagem do conteúdo. Nos anos iniciais do Ensino Fundamental, sem relação com práticas sociais, sem o uso de atividades concretas e experimentação do aluno e sem o fomento de sua expressão, dificilmente as crianças alcançarão níveis de aprendizagem mais avançados característicos do saber científico.

No caso da Matemática, o autor propõe também *situações adidáticas*, para a abordagem do conteúdo, que se organizam a partir de um problema sobre o qual o aluno deve pensar, refletir, atuar. Do momento em que o aluno percebe e se envolve com o problema, até que produza uma resposta possível, o professor não intervém como fornecedor de conhecimentos. Suas intervenções são para estimular o pensar e a explicitação das ideias e dos procedimentos utilizados pelos alunos, para socialização com a classe.

Considerando ainda as situações denominadas por Brousseau de *adidáticas*, é preciso lembrar que existem muitas situações que, mesmo contribuindo para a formação de conceitos, não estão sob o controle pedagógico do professor, como, por exemplo, as brincadeiras nas quais as crianças se envolvem e colocam em ação conceitos matemáticos. O uso de fórmulas de escolha, como

"Pom-po-ne-ta
Pe-ta Pe-ta
Pe-ta per-ru-gem
Peta- pê –si"

Faz com que as crianças utilizem uma ordenação que permanece a mesma durante a cantiga, até a escolha de alguém, que sai do jogo.

É importante que o professor tenha clareza de que ele é um mediador e não um controlador de aprendizagens. As crianças têm vida própria e se deparam com muitas situações-problema no seu cotidiano. O espaço e o tempo da sala de aula representam apenas uma parcela das situações por meio das quais o aluno pode aprender: em casa, nas diversas interações com os amigos, nas instituições que frequenta, entre outros.

Em outros termos, um grande desafio da docência é prever e planejar algumas *situações adidáticas*, com o objetivo de promover a progressão de saberes escolares, promovendo a interação entre o ambiente escolar e a vida cotidiana de cada aluno.

Situações adidáticas elaboradas com fins didáticos otimizam a construção de conhecimentos, assim como imprimem um sentido particular a esses saberes, em razão de sua associação a uma prática social dos alunos.

Nesse sentido, a noção de **transposição didática** contribui para melhor compreender o fluxo das transformações dos saberes na sala de aula, sem perder de vista a integração entre o contexto real de uso dos conhecimentos matemáticos e a didática. Transposição didática é a abordagem e apresentação que o professor faz do conteúdo que ensina, a fim de trazer conhecimentos científicos à sala de aula.

Adotamos a perspectiva de Chevallard acerca de transposição didática. Entendemos por transposição didática o tratamento que os conteúdos devem sofrer a fim de serem ensinados, ou seja, a migração do saber científico para o escolar.

3.5 A escolha dos conteúdos

A trajetória dos saberes desde a sua elaboração científica até a sala de aula sofre inúmeras influências. Cientistas, especialistas, políticos, autores de livros, professores, cada um desses atores influi e interfere tanto na seleção de conteúdos como nos valores, objetivos e métodos que conduzirão o ensino.

A escolha dos conteúdos a serem tratados em cada um dos anos escolares é orientada por documentos oficiais, federais, estaduais ou municipais. Desde os Parâmetros Curriculares Nacionais, publicados em 1997, vários estados e prefeituras têm se debruçado e produzido orientações curriculares mais detalhadas, procurando apoiar os professores em seu ofício e, ao mesmo tempo, garantir o acesso a um mesmo conteúdo às crianças de um mesmo ano escolar, diminuindo as desigualdades. As políticas públicas têm procurado apoio nas pesquisas mais recentes sobre as didáticas das áreas. Os desafios da metodologia de ensino não podem ser dissociados dos valores e dos objetivos de aprendizagem.

Acerca da análise da influência francesa, podemos afirmar que as diferentes pesquisas desenvolvidas se complementam, e embora tenhamos destacado apenas duas delas – a dos *campos conceituais*, de Gérard Vergnaud, e a teoria das *situações didáticas*, de Guy Brousseau, – acreditamos que analisar o fenômeno do ensino e da aprendizagem nos coloca muitos desafios. Contribuir para o aprofundamento do debate é nosso objetivo, e buscamos nos aproximar dele à luz de tais influências. ■

4 E os conteúdos matemáticos?

"Penso que só há um caminho para a Ciência ou para a Filosofia: encontrar um problema, ver a sua beleza e apaixonar-se por ele; casar e viver feliz com ele até que a morte vos separe – a não ser que encontrem um problema ainda mais fascinante, ou, evidentemente, a não ser que obtenham uma solução. Mas, mesmo que obtenham uma solução, poderão então descobrir, para vosso deleite, a existência de toda uma família de problemas-filhos, encantadores ainda que talvez difíceis, para cujo bem poderão trabalhar, com sentido, até o fim dos vossos dias."[2]

4.1 Sistema de numeração decimal: memorizar ou entender?

Acreditamos na necessidade do professor organizar um trabalho didático que possa promover um **sentido numérico** entre alunos dos anos iniciais do Ensino Fundamental. Sentido numérico é entendido como o conjunto de características e de conexões que relacionem os números com as operações, do ponto de vista do cálculo e da resolução de problemas.

É útil para o professor conhecer as habilidades indicativas de um bom-senso numérico. Ou seja, que habilidades um sujeito –

---

[2] POPPER, Karl. *Em busca de um mundo melhor*. Lisboa: Editorial Fragmentos, 1989.

criança, jovem ou adulto – deve mostrar para que possamos afirmar que tem um bom-senso numérico?

O que normalmente indica um bom-senso numérico pode ser descrito como a capacidade de identificar significados para os números e as operações, reconhecer o valor relativo dos números, perceber relações e padrões numéricos, intuir e estabelecer raciocínios na resolução de problemas.

O número enquanto ideia mental, que exprime relações de ordem ou **princípio da ordenação**[3] e de **inclusão de quantidades**[4], não pode ser diretamente ensinado, transferido de professor para aluno, exatamente por ser ideia. No entanto, ao longo dos primeiros anos do Ensino Fundamental, as crianças iniciam um longo processo de aproximação à ideia, que se estenderá ao longo de toda sua escolarização, na medida em que ampliam o intervalo numérico com o qual trabalham.

O processo de desenvolvimento do senso numérico se inicia muito cedo e não se vincula necessariamente à escolarização. O **aspecto cardinal**, ligado à quantidade, assim como a **ideia de ordem**, deve convergir para a mesma ação, expressa em boas situações de contagem.

As crianças percebem, desde muito cedo, que boas contagens são as que apresentam sempre o mesmo total, não importa quantas forem as tentativas de fazê-la. Isso é tão importante quanto perceber que, ao contar os dedos de uma mão, a palavra cinco indica uma quantidade, e não o nome do último dedo contado. Na cardinalidade, o que importa é a quantidade final, e não a ordem dos elementos nas coleções. Chamamos de **coleções** os agrupamentos de elementos a serem contados.

O sentido numérico pode ser aprimorado no Ensino Fundamental, mesmo que as crianças já tenham construído **habilidades de contagem**. Muitas vezes tais habilidades se associam a contagens de 1 a 1 dos elementos de uma coleção, o que pode

---

[3] O **princípio de ordenação** anteriormente descrito também pode ser denominado como relação de ordem ou ordinalidade.

[4] A **inclusão de quantidades**, também anteriormente descrita, pode ser denominada como cardinalidade, ou total em Matemática.

limitar algumas contagens. As habilidades de contagem podem ser ampliadas por propostas como contagens de 2 em 2, de 3 em 3 etc.

Figura 4.1 Coleção móvel   **Figura 4.2** Coleção fixa

A habilidade de contagem envolve a percepção da necessidade de ordenar para contar (ordinalidade) e a inclusão de quantidades, ou seja, a percepção da quantidade ou total de elementos da coleção contada (cardinalidade).

A ampliação do senso numérico pode ser norteado do ponto de vista didático por algumas ideias baseadas em características do sistema de numeração ou por propriedades dos números. Por exemplo:

- **Quanto ao sistema de numeração**: grupos de 10, porque representam o primeiro agrupamento do sistema de numeração, devem ser alvo de atenção do professor. No entanto, a depender do ano escolar, as crianças não reconhecem essa propriedade do sistema de numeração, e por isso é importante propor contagens diferentes, como de 3 em 3, de 4 em 4, de 7 em 7, ou de qualquer agrupamento que não o de 10. Tais tentativas devem ser estimuladas, pois apenas quando experimentar a potência do grupo de 10 elementos a criança poderá construir a ideia da base 10, ou seja, o sistema de numeração decimal.

- **Quanto às propriedades do número**: as crianças devem construir o conceito de que um número pode ser escrito por meio de duas ou mais partes. Por exemplo, 8 pode ser pensado como um conjunto de 5 e um conjunto de 3, assim como dois conjuntos de 4 elementos etc. Construir essa ideia é importante, pois amplia a ideia matemática de número, que, quando assim considerada, exprime uma adição. Ao mesmo tempo, permite a estratégia de decomposição. Trabalhar com números por meio da investigação e análise de possibilidades desenvolve flexibilidade de pensamento. As crianças poderão descobrir inúmeras formas de pensar sobre e representar números, bem como aprimorar e aprofundar o que sabem sobre os efeitos das operações sobre os números. Um bom exemplo disso é quando as crianças percebem a possibilidade de, em uma adição, memorizar uma das parcelas e seguir contando para frente, mesmo que a parcela memorizada não seja a primeira que aparece na sentença matemática (estratégia de contagem denominada sobrecontagem).

As crianças pensam assim...

Flávia, uma menina de sete anos, depara-se com um cálculo: 5 + 9. Ela pode usar diversas estratégias de resolução: desenhar palitos num papel, contar cinco dedos e depois nove (o que, provavelmente, se mostrará complicado, pois só tem 10 dez nas mãos), usar objetos como apoio. Ou pode partir do 5 e continuar contando 9 nos dedos. Funciona assim:

Cinco (as crianças costumam dizer que "guardam" na cabeça).

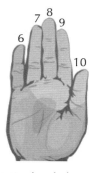 

Contagem com o apoio dos dedos

Se a relação de Flávia com os números for um pouco mais avançada, ela pode "guardar" o nove na cabeça e contar mais cinco nos dedos:

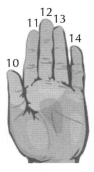

Contagem com o apoio dos dedos

De qualquer forma, ela usará estratégias que a farão chegar ao resultado 14. Então, por que nos preocupamos com o desenvolvimento de várias estratégias ou procedimentos? Porque, ao longo de sua vida, Flávia se deparará com diferentes cálculos e conhecer diversas estratégias permitirá que ela escolha a mais adequada para a situação. Por exemplo, se ela tiver que calcular 52 + 9, ao invés de usar a sobrecontagem, sua conhecida, ela pode decompor os números e pensar assim:

$$50 + 9 = 59$$

$$59 + 2 = 61$$

Veja ainda outra possibilidade para o cálculo 52 + 9. A criança pode pensar em 52 + 10, pois adicionar 10 é fácil, se a criança souber que o que muda é a adição de uma dezena, então, 52 + 10 = 62. Mas a operação solicitava adicionar 9 e não 10!

Basta tirar 1!

Uma boa percepção das relações numéricas pode ser iniciada a partir do estabelecimento de uma diversidade de relações com quantidades pequenas, que sirvam de apoio para os cálculos ou problemas. As crianças podem encontrar diferentes formas para representar, por exemplo, o número 10, o que pode ser feito por meio de desenhos, de objetos ou pelo uso de números e operações.

A **sequência numérica** convencional memorizada, mesmo que sem a percepção das ideias de cardinalidade e ordinalidade que conferem ao número seu aspecto matemático, assim como o trabalho com problemas, mesmo oralmente, podem ajudar a ampliar as relações estabelecidas, pois gradativamente as crianças podem começar a perceber que a adição de duas parcelas mantém o total.

Para um aprofundamento a respeito da sequência numérica, recomendamos a leitura do volume dessa coleção indicado para professores da Educação Infantil.

Ao fazê-lo, as crianças podem avançar em suas ideias sobre o **valor posicional** no sistema de numeração, sobre as propriedades do número, como a possibilidade de decomposição, ou ainda a respeito de estratégias de cálculo. Valor posicional refere-se ao valor da posição que o algarismo ocupa no número. Como o sistema é decimal, ou de base 10, cada posição refere-se ao agrupamento em questão. Assim, para 378, por exemplo, temos que o 3 deve ser multiplicado por 100 (casa das centenas), o 7 deve ser multiplicado por 10 (dezenas), e o 8 deve ser multiplicado por 1 (unidades).

Essas diversas estratégias são aprendidas por meio da socialização entre pares. Em geral, num grupo de 25 a 30 crianças, várias estratégias são utilizadas para realizar o mesmo cálculo. Um professor atento poderá socializá-las, seja em pequenos grupos, seja com a classe toda. No final, pode perguntar qual a estratégia mais eficaz para o caso. Assim, os alunos vão percebendo que os diversos procedimentos podem ser utilizados e alguns são mais eficazes (ou econômicos) do que outros.

O desenvolvimento do senso numérico prossegue à medida que as crianças investigam números maiores, avançando para o trabalho com ordens e classes do sistema de numeração decimal, com números racionais em suas diferentes representações, com números inteiros, ou ainda com as propriedades das operações.

E os conteúdos matemáticos?

4.2 A intervenção do professor

Lerner e Sadovsky (1996) desenvolveram importantes pesquisas que orientam a intervenção docente na aprendizagem da Matemática. Para compreender as hipóteses infantis sobre o sistema de numeração decimal, as autoras desenvolveram uma pesquisa sobre a escrita dos números.

A ideia que conduziu a pesquisa foi de que as crianças constroem hipóteses para a comparação de números, antes mesmo do ensino escolarizado de unidades, dezenas e centenas: as crianças consideram alguma relação, embora não formalizada, entre a posição dos algarismos e o valor que eles representam. A proposta apresentada às crianças na pesquisa foi basicamente a comparação entre números, assim como sua escrita.

As autoras verificaram que as crianças consideram que a quantidade de **algarismos** que o número apresenta tem impacto em sua magnitude, ou seja, "quanto maior a quantidade de algarismos, maior o número". O número 301 é maior que 97, pois 301 possui três algarismos, enquanto 97 possui dois. Você lembra a diferença entre algarismo e número? Os algarismos são os símbolos: 0, 1, 2, 3, 4, 5, 6, 7, 8, 9. Utilizamos os algarismos para escrever todos os demais números!

Outra hipótese relatada pelas autoras diz respeito à posição dos algarismos como critério de comparação, denominada no trabalho como "o primeiro é quem manda". Ao comparar números de igual quantidade de algarismos, as crianças manifestaram a ideia de que a magnitude daquele que ocupa a primeira posição é indicação da magnitude do número.

Na comparação entre 504 e 458, como os dois números têm três algarismos, e o algarismo 5 é maior do que o 4, 504 é maior do que 458. Para as autoras, tal hipótese é um indício de que quando as crianças levantam esta hipótese, já descobriram que a posição dos algarismos cumpre alguma função no sistema de numeração.

O que o professor pode fazer, conhecendo estas pesquisas?

No início do Ensino Fundamental, é importante que as propostas de comparação numérica envolvam a ordem da centena, ampliando o desafio da análise por parte das crianças, de modo que avancem no conhecimento sobre o sistema de numeração.

Veja algumas sugestões de propostas. Considere que, em todas elas, as crianças deverão socializar suas justificativas de resolução em pequenos grupos, discutindo como pensaram para resolver o problema. Retomamos uma das importantes afirmações de Vygotsky: é na interação que se aprende. Promover interações produtivas é função do professor.

Sugestão de proposta

Uma loja vende bolinhas de gude embaladas em saquinhos, com diferentes quantidades. Cada embalagem tem um preço diferente. Ajude o dono da loja a arrumar a prateleira, colocando as embalagens em ordem:

Saquinhos com bolinhas de gude

Em pequenos grupos, solicitar que os alunos socializem as diferentes arrumações das embalagens, justificando as escolhas. Nessa situação as crianças terão a oportunidade de discutir e argumentar critérios em que se baseiam para comparar números e ordená-los. Por isso, é importante que apenas a palavra ordem apareça, sem dizer se é do maior para o menor ou o contrário.

E os conteúdos matemáticos?

Quando o professor assume o papel de pesquisador, ele procura ouvir ao máximo seus alunos, oferecendo-lhes a possibilidade de usarem suas experiências prévias e pensarem autonomamente. É no momento da socialização que as várias hipóteses, ou maneiras de pensar para resolver este problema, vão aparecer e possibilitar a aprendizagem de novos procedimentos por todo o grupo.

Sugestão de proposta (2)

Em uma loja de tecidos, o vendedor deve guardar os rolos de tecidos numa prateleira, obedecendo a seguinte ordem: os rolos maiores ficam embaixo.

Como fica a arrumação dos tecidos se temos rolos de diferentes tamanhos? Recorte e cole nas prateleiras.

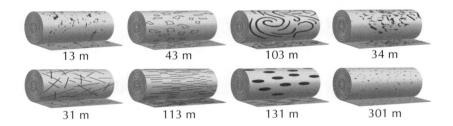

Rolos de tecidos

Prateleira para guardar rolos de tecido

Nessa situação, a criança irá buscar não apenas o critério da comparação, mas também as razões da ordenação. No momento em que cada aluno justifica e apresenta seu critério, a classe depara-se com a argumentação de seus colegas. ■

Na socialização, as crianças podem apresentar, por exemplo, a justificativa de que o rolo com 103 m pode ser equivalente ao de 13 m, situação que pode se repetir entre os rolos de 31 m e o de 301 m. Isso acontece porque as crianças consideram o 0 apenas como ausência de quantidade. Se isso acontecer em sua sala de aula, procure discutir e comparar números como 1 e 10, 2 e 20, retomando os números menores. Nesse momento, as crianças perceberão apenas que o 0 cumpre outra função, embora possam não verbalizar a justificativa de que 0 em 103 e em 301 indica a ausência de grupos de 10.

Não importa! Convide-os a pensar, discuta, ouça as hipóteses das crianças. A aproximação a uma ideia como a de que o 0 indica ausência de agrupamento em qualquer ordem é bastante elaborada, e sua construção demanda investigação por parte das crianças.

Ainda a respeito da apropriação da escrita convencional dos números, as autoras apontam o papel de um conjunto numérico em especial: o 10 e seus múltiplos. Os resultados da pesquisa mostram que as crianças escrevem esse conjunto numérico de forma convencional, mas os números que se encontram nos intervalos entre eles são escritos de forma aditiva, de acordo com a fala, no caso da língua portuguesa. Disso resultam escritas denominadas aditivas, posto que, para 32, as crianças grafam 302, e leem apontando 30 (trinta) e 2 (dois).

Minhas pesquisas como professora em sala de aula indicam ainda que as crianças podem suprimir os zeros que sobram em sua escrita, por meio de conhecimento social. Esta ação nos parece advir da análise da escrita numérica convencional presente em sala de aula. Assim, passam a escrever 32, ao invés de 302, suprimindo o 0 que estava na ordem na dezena.

No entanto, em função da impossibilidade de manter um quadro numérico que avançasse até a ordem das centenas, as crianças passaram a escrever convencionalmente números até 99, mantendo o zero na ordem das centenas, para números maiores, gerando assim uma escrita híbrida. Por exemplo, para 234, as crianças escrevem: 20034.

Tabela 4.1 Quadro numérico									
0	1	2	3	4	5	6	7	8	9
10	11	12	13	14	15	16	17	18	19
20	21	22	23	24	25	26	27	28	29
30	31	32	33	34	35	36	37	38	39
40	41	42	43	44	45	46	47	48	49
50	51	52	53	54	55	56	57	58	59
60	61	62	63	64	65	66	67	68	69
70	71	72	73	74	75	76	77	78	79
80	81	82	83	84	85	86	87	88	89
90	91	92	93	94	95	96	97	98	99

Para aprender a escrever números, é preciso compreender as **composições aditiva e multiplicativa** do sistema. Isso quer dizer que a posição ocupada pelo algarismo deve ser multiplicada pela base, que no caso do sistema decimal, usado em nossa cultura, é a **base 10**. Além disso, essa operação pode ser expressa por uma sentença matemática aditiva.

Para compreender as ideias de composição aditiva e composição multiplicativa do sistema, precisamos nos basear na ideia de **base**, no caso de nosso sistema de numeração, base 10. Assim, temos que a cada grupo de 10 elementos constitui-se um novo agrupamento: com 10 elementos isolados formamos 1 grupo de 10 elementos (dezena); com 10 grupos de 10 elementos formamos um bloco de 10 x 10 (centena); com 10 blocos de 10 x 10 formamos um bloco de 10 x 10 x 10 (milhar), e assim sucessivamente. A expressão dessas ideias pode se dar tanto pela adição, por exemplo, para expressar a quantidade 50 (50 = 10 + 10 + 10 + 10 + 10), quanto pela multiplicação (50 = 5 x 10). O material dourado mostra claramente estas possibilidades:

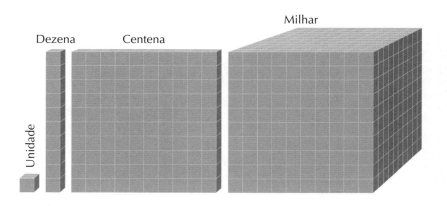

Material dourado

Apenas propostas de contagem ou escrita de números não se revelam suficientes para que as crianças construam as ideias de composição aditiva e multiplicativa do sistema de numeração. Por meio da elaboração de estratégias variadas para a resolução de problemas, assim como pela solicitação de seu registro, é que as crianças poderão construir o conceito de dezena, enquanto base do sistema de numeração decimal.

Nunes (2005) exemplifica a diferença entre contar e compreender o sistema de numeração. Para a autora, em nosso sistema de numeração, os números não são apenas uma lista de palavras. O sistema de numeração pressupõe uma organização, segundo a qual, cada número é igual ao anterior, mais 1. Ou seja,

$$1;$$
$$2 = 1 + 1;$$
$$3 = 2 + 1;$$

e assim sucessivamente. Além disso, qualquer número pode ser composto por meio da adição de dois que o precedem:

E os conteúdos matemáticos?

$$7 = 6 + 1 \text{ ou}$$
$$7 = 5 + 2 \text{ ou}$$
$$7 = 4 + 3.$$

No sistema de numeração decimal, há ainda que se considerar que o sistema de numeração decimal está organizado na base 10, o que implica uma organização de natureza multiplicativa: 20 indica duas dezenas ou 2×10; assim como $30 = 3 \times 10$, e assim sucessivamente.

Figura 4.3 Dinheiro de Faz de Conta

A fim de promover a investigação e o desenvolvimento da percepção das crianças a respeito da composição aditiva do sistema de numeração, sugerimos propostas que envolvam compra e venda, em situações simbólicas, de faz de conta, com o uso de notas e moedas que podem ser desenhadas pelos próprios alunos.

Cédulas e moedas para brincar

É fundamental garantir situações nas quais as crianças utilizem duas ou mais cédulas ou moedas a fim de compor um único valor. Por exemplo, planejar situações de venda (feira, loja, supermercado etc.) nas quais os alunos receberão algumas cédulas de 5 e moedas de 1, e o preço de determinado artigo será 8. Assim a criança deverá usar uma cédula de 5 e três moedas de 1 para compor a quantia de 8.

Nas situações de compra e venda, podemos explorar ainda a composição de quantias maiores do que 10, abordando os agrupamentos desta natureza. Por exemplo, para compor a quantia de 45 reais, quantas cédulas de 10 seriam necessárias?

Como vimos, a resolução de problemas assume papel de destaque, por possibilitar a ampliação tanto dos recursos de cálculo como da análise do sentido que as operações podem assumir.

Campo aditivo: adição e subtração

No campo aditivo, Vergnaud (1996) aponta uma categorização dos problemas, classificando os enunciados em: problemas de composição, problemas de transformação e problemas de comparação, de acordo com características presentes no enunciado

Nos **problemas de composição**, temos situações nas quais o procedimento é juntar partes, cujos valores são conhecidos. Nessas situações, crianças bem novas apresentam bom domínio, pois o procedimento de resolução requerido – juntar as partes para achar um todo – é a primeira situação de adição que a criança compreende e que se associa ao processo de contagem.

Sugestões de propostas

- Em um tanque havia 6 peixes amarelos e 4 peixes azuis. Quantos peixes no total havia no tanque?

Utilizando a notação da sentença matemática, temos:

$$6 + 4 = ?$$

Maria tem 4 bonecas, e seu irmão, 8 carrinhos. Quantos brinquedos têm as duas crianças?

Utilizando a notação da sentença matemática, temos:

$$4 + 8 = ?$$

Nesse enunciado, o total atinge um número maior do que 10,

E os conteúdos matemáticos?   57

e por isso as crianças necessitarão de estratégias de contagem para a resolução. Os que já perceberam a aplicação da sobrecontagem no cálculo costumam adotá-la como estratégia de resolução, inclusive contando a partir da maior parcela (no caso 8) e seguir contando mais quatro. No entanto, você pode ter em sala de aula crianças que não o fazem. Nesse caso, ajude-os a perceber a estratégia de desenhar, ou utilizar algum material de contagem, como palitos, por exemplo.   ■

Outra classe de problemas do campo aditivo apontada por Vergnaud (1996) são os **problemas de transformação**. Tais situações têm como característica a ideia de tempo envolvida. Tem-se a situação inicial, na sequência, algo que a transforma como uma perda/ganho, acréscimo/decréscimo, para chegar ao estado final.

Sugestões de propostas

- Maria levou para a feira R$100,00. Gastou R$ 32,00 na barraca. Com quanto dinheiro Maria voltou para casa?

Utilizando a notação da sentença matemática, temos:

$$100 = 32 + ?$$

Ou ainda,

$$100 - 32 = ?$$

Nessas situações é possível que a incógnita esteja na situação inicial, o que pode causar alguma dificuldade na resolução.

Davi tinha algum dinheiro guardado em sua carteira, e sua avó lhe deu mais R$ 48,00. Depois disso, Davi ficou com R$ 75,00. Quanto Davi tinha na carteira?

Utilizando a notação da sentença matemática, temos:

$$? + 48 = 75$$

É comum que as crianças procedam adicionando os dois valores (48 + 75), obtendo um total de R$ 123,00, no que há certa lógica, já que o enunciado indica o *ganho* da quantidade de R$ 75,00. A fim de perceber a inadequação dessa estratégia, é necessário que o professor encaminhe diferentes situações de discussão sobre como cada criança pensou para obter o resultado, se possível manipulando as cédulas de faz de conta, no caso dos problemas que envolvem quantias de dinheiro.

O cálculo que resolve essa situação é a subtração (75 – 48), ou seja, a operação inversa. Em sua obra, Vergnaud (1996) é enfático quanto à necessidade de se proporcionar variadas experiências por meio da resolução de problemas, condição para a aprendizagem do **sentido que as operações** podem assumir. Os desenhos, a manipulação de cédulas, as discussões em grupos contribuem de forma significativa para o avanço das hipóteses infantis. ■

Temos, ainda, a classe dos **problemas de comparação** no campo aditivo. Tais situações são as que comparam duas quantidades, uma denominada referente, e a outra, referido.

Sugestões de propostas

- Maria tem 8 anos. Sua irmã, Manoela, é 3 anos mais velha que Maria. Quantos anos tem Manoela?

Nesse problema, o enunciado indica a idade de Maria (8 anos), e a idade de sua irmã é dada a partir de uma relação (ela é 3 anos mais velha que Maria). A idade de Maria é a referência, isto é, o referente no problema, para se obter a idade de Manoela, que é o referido, aplicando-se a relação indicada.

Tais problemas, quando apresentados na ordem inversa, também podem causar dificuldades para a resolução. Vejamos o exemplo abaixo:

- Maria tem R$ 67,00 e seu irmão R$ 45,00. Quanto dinheiro Maria tem a mais que seu irmão?

E os conteúdos matemáticos?   59

> Nessas situações, muitas vezes as crianças imaginam que a adição 67 + 45 pode resolver o problema, pois ao se depararem com a palavra *mais* a interpretam como um indício de uso da adição para a resolução. A interpretação, orientada pelo professor, a respeito do que significa essa estratégia pode ajudar as crianças a avançarem em suas análises. Você pode conduzir essa interpretação com seus alunos!
>
> A primeira coisa a fazer é assumir o papel de quem resolve, lendo com as crianças o enunciado e buscando as informações que sejam importantes para a resolução. Grife as palavras que indicam o sentido da operação resolvida e faça perguntas a respeito delas, por exemplo, no exemplo 2 acima, grife as quantias em dinheiro de Maria e de seu irmão. Pergunte quem tem mais dinheiro. Levante a possibilidade de Maria e seu irmão terem a mesma quantia e qual seria.
>
> A partir disso, desenhe ou escreva matematicamente as conclusões das crianças, e siga contando quanto a mais Maria tem.   ■

O que se pode dizer a respeito da tarefa de resolver problemas é que, ao decidir por uma operação ou outra, a criança estará analisando os sentidos que se pode atribuir às operações, avançando no que Vergnaud (1996) denominou **cálculo relacional.**

Resolver problemas tanto possibilita que as crianças percebam os sentidos que se vinculam às operações quanto o avanço em suas estratégias para o cálculo. Tal distinção foi denominada por Vergnaud (1996) por **cálculo relacional**, que se refere às operações de pensamento envolvidas na percepção das relações envolvidas nos enunciados ou na distinção entre elas, e o **cálculo numérico**, que se refere às operações usuais de adição, subtração, multiplicação e divisão.

Quer um exemplo de cálculo relacional e cálculo numérico? Veja que falamos a respeito de sua intervenção para a interpretação do problema expresso no exemplo 2. Desenhar na lousa a quantia, que expressa a igualdade entre o dinheiro que os irmãos têm, ou ainda escrevê-la matematicamente, seria o cálculo relacional. Ou seja, a interpretação do enunciado e o levantamento da hipótese em relação à operação que poderia resolvê-lo são ações que envolvem o que Vergnaud chamou de cálculo relacional.

Já o cálculo numérico seria a contagem de quanto dinheiro a mais Maria tem.

Perceber tal distinção e planejar o trabalho didático, antecipando situações nas quais as crianças frente a uma situação de resolução de problemas nos questionam: "é de mais, ou de menos?", demanda adotar uma concepção de ensino que considera o cálculo como a solução de uma ação que envolve quantidades, na qual cada número se reveste de sentido em um contexto, colaborando para a compreensão, interpretação e resolução dos problemas. Os números representam algo, uma quantidade, e têm sentidos diferentes: R$ 8,00 é diferente de 8 anos, que é diferente de 8 bonecas.

Vergnaud (1996) faz uma categorização quanto aos enunciados de problemas, referindo-se principalmente ao que se pergunta em cada um deles quanto à incógnita. Por outro lado, as operações em si podem assumir diferentes sentidos, como já vimos anteriormente. As duas categorizações devem ser consideradas na prática docente, pois ampliam os sentidos que a criança atribui ao cálculo.

Vejamos outros exemplos das ações que as operações adição e subtração podem assumir.

- Ação de **acrescentar**, nas quais se pode dizer que estão envolvidas a situação inicial, o fato ou a ação que transformou a situação inicial, e um estado final.

Exemplo: Em um ponto de ônibus estavam 13 pessoas. Chegaram mais 5 pessoas. Quantas pessoas estão agora no ponto de ônibus?

$$13 + 5 = ?$$

- Ação de **reunir**, nas quais não há a temporalidade, posto que ocorre a inclusão de classes.

Exemplo: Para uma festa, uma confeitaria preparou 120 brigadeiros e 60 cajuzinhos. Quantos doces a confeitaria preparou para essa festa?

$$120 + 60 = ?$$

Pode-se considerar também diferentes ações associadas à subtração:

- Ação de **retirar**, nas quais há um todo, do qual se retira uma parte.

Exemplo: Em um parque brincavam 38 crianças e saíram 17. Quantas crianças permaneceram no parque?

$$38 - 17 = ?$$

- Ação de **completar**, nas quais há um todo que pode ser completado, o que é o inverso da ação de reunir.

Exemplo: Mário tem 37 carrinhos. Se 14 são de fricção, quantos são os demais?

$$37 - 14 = ?$$

- Ação de **comparar ou achar a diferença**, nas quais há dois todos, e o que se pede é a comparação dessas quantidades. Assim, temos como exemplo: Paulo tem 34 carrinhos, e seu primo, 17. Quantos carrinhos Paulo têm a mais que seu primo?

$$34 - 17 = ?$$

Desde muito cedo, as crianças pequenas se envolvem em situações de contagem de coleções e objetos, posto que estão vivenciando o processo de passagem da contagem para o cálculo. Esse processo ocorre por meio de uma crescente eficiência do cálculo, de forma que as crianças elaboram diferentes estratégias para encontrar o total de diferentes adições. Consideremos por exemplo, uma situação na qual a criança busque o total de 5 + 4.

Ela poderá apresentar algumas estratégias, entre elas:

1. *contar-todos*, quando a criança usa três procedimentos simples de contagem de objetos físicos, falando *um* ao começar cada contagem: conta 5 objetos (falando 1, 2, 3, 4, 5) e na sequência conta 4 objetos (falando 1, 2, 3, 4) e, em seguida, conta 9 objetos (falando, 1, 2, 3, 4, ... 9);

2. *contar-ambos*, quando a criança emprega dois procedimentos de contagem: uma contagem simples de 5 objetos (falando 1, 2, 3, 4, 5) e, então, prossegue a contagem considerando os 4 objetos seguintes: (falando 6, 7, 8, 9);

3. *sobrecontar*, quando ocorre um processo de contagem mais econômico, posto que envolve um único procedimento, pelo qual a criança conta diretamente 4 objetos (falando 6, 7, 8, 9) sem proceder à contagem da coleção de 5 objetos;

4. *sobrecontar escolhendo o maior*, nesses casos, a criança faz uma sobrecontagem mais econômica, pois escolhe a quantidade maior, considerando-a como já contada, procedendo apenas à sobrecontagem da outra quantidade;

5. *usar fato conhecido*, nos casos em que a criança adota como suporte para o cálculo uma informação já memorizada, já sabe de memória que 5 + 4 é 9;

6. *usar fato derivado*, quando a soma deriva de outros fatos conhecidos (por exemplo, 5 + 5 = 10, então 5 − 4 é 1 a menos).

Qual é, então, a importância das propostas de resolução de problemas nos anos iniciais do Ensino Fundamental? Estimularmos as crianças a pensarem sobre determinada situação, estabelecendo relações, é um excelente caminho para a construção de um pensamento matemático.

Campo multiplicativo: multiplicação e divisão

Da mesma forma que as crianças nos anos iniciais do Ensino Fundamental são capazes de pensar sobre situações que envolvem o campo aditivo, o mesmo se pode dizer a respeito das relações que caracterizam o campo multiplicativo.

Vamos conhecer as ideias da multiplicação e da divisão?

Quanto à multiplicação, temos:

• **Multiplicação aditiva** ou ação de contar grupos com a mesma quantidade de elementos.

E os conteúdos matemáticos?

Exemplo: Dona Marta está fazendo sopa. Ela vai fazer 2 panelas. Em cada panela ela colocou 3 tomates. Quantos tomates dona Marta usou?

- **Multiplicação combinatória.**

Exemplo: Laila tem 5 saias e 4 blusas. De quantas formas diferentes Laila pode se vestir?

- **Configuração retangular**, ou **multiplicação em linhas e colunas.**

Exemplo: Uma sala de aula tem 5 fileiras de carteiras. Em cada fileira há 6 cadeiras. Quantas cadeiras há nessa sala de aula?

Quanto à divisão, temos:

- **Ações de distribuir.**

Exemplo: Tenho 20 doces e quero distribuí-los em 4 pratos. Quantos doces devo colocar em cada prato?

- **Ações de formar grupos.**

Exemplo: Tenho 20 doces e quero colocar 5 doces em cada prato. Quantos pratos consigo formar?

As primeiras estratégias de resolução utilizadas pelos alunos para as situações multiplicativas indicam a ação de adicionar.

As crianças pensam assim...

Vamos acompanhar como *Vitor*, que estava no 2º ano do Ensino Fundamental, resolve alguns problemas em meados do segundo semestre do ano letivo.

Marina comprou 3 caixas de chicletes. Em cada caixa havia 4 chicletes. Quantos chicletes ela comprou ao todo?

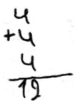

Para a obtenção do resultado, Vitor utiliza a ideia de adição, que aparece inclusive no registro de seu pensamento. A professora relata que após esse registro, ele passa a contar no modelo *contar-todos*, acima descrito, o que parece indicar que Vitor percebe apenas a adição de parcelas nesse enunciado, no que diz respeito tanto à contagem quanto à concepção ligada ao campo multiplicativo.

Vejamos como Vitor resolve outro enunciado: João formou 4 equipes para um jogo. Em cada equipe entraram 8 crianças. Quantas crianças vão jogar?

Embora tenha percebido a adição de parcelas iguais no enunciado anterior, ao encaminhar a resolução desse outro enunciado, da mesma natureza, Vitor não faz uso da mesma ideia.

Isso é bastante comum nos anos iniciais do Ensino Fundamental, e uma forma de ajudar os alunos a avançar é explorar situações de jogos, nos quais devem ser convidados a pensar em **características das situações multiplicativas**. ■

Sugestões de propostas para explorar situações multiplicativas

A) Bandejas de doces

Propor que, em duplas, as crianças distribuam forminhas em 5 bandejas seguindo determinada regra. Por exemplo, colocar em cada bandeja 9 doces. Para contar o total de doces, explorar o total de bandejas arrumadas, e o total de doces por bandeja.

Assim, elas estarão explorando maneiras de resolver o problema de multiplicação.

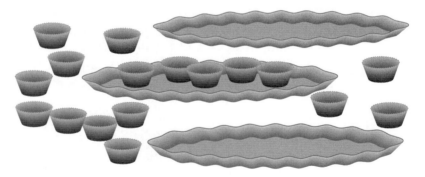

Forminhas de doce e bandejas de papelão

B) Flores e vasos

A mesma estrutura pode ser reproduzida em situações de flores e vasos, pedindo às crianças distribuam certa quantidade de flores por vasos, estipulando a quantidade de vasos. O professor pode promover o avanço das estratégias de resolução das crianças variando as quantidades de vasos e de flores.

Palitos de sorvete e copos descartáveis

O objetivo dessas propostas é oferecer ao aluno várias situações para que perceba que a multiplicação lida com números de natureza diferente: enquanto um deles conta grupos, o outro conta quantos são os elementos em cada grupo.

Na situação de bandejas e doces, se forem usadas 5 bandejas teremos: 5 x 9. Enquanto o 5 conta as bandejas, o 9 indica o total de doces nas bandejas. A criança pode perceber essa regularidade brincando em diferentes situações de exploração com materiais de contagem variados.

C) Calças e blusas

A multiplicação também se manifesta em situações de combinação. Se tenho 5 calças e 4 blusas, posso perguntar: de quantas maneiras posso me vestir?

Essas situações podem ser realizadas pelas crianças dos anos iniciais do Ensino Fundamental por meio de brincadeiras. Por exemplo, usar bonecas que deverão trocar de roupa a partir de premissas como as da multiplicação combinatória.

A multiplicação deve ser explorada ainda por meio da chamada **configuração retangular**, que exprime a ideia de área, por meio de linhas e colunas, que podem ou não ser representadas em malhas quadriculadas na página seguinte. A representação apenas se reveste de sentido se envolver a concepção geométrica, intrínseca a ela.

Em uma situação como: em uma sala de aula há 7 fileiras, com 5 cadeiras em cada uma delas. É possível explorar arranjos de

E os conteúdos matemáticos?

linha e coluna com caixas de fósforo, que representariam as cadeiras. Outras situações são como envelopes e selos, vasos e flores.

Observe que, ao representarmos a multiplicação em linha e coluna, estamos lidando com a ideia de que essa operação envolve números que contam coisas diferentes: enquanto um deles conta grupos, o outro conta quantos são os elementos em cada grupo. Desta forma, esse importante conceito da multiplicação vai sendo construído pelas crianças.

Gradativamente, pode-se transpor a representação para as malhas quadriculadas, presentes nos papéis quadriculados. Vejamos o problema: Vou colar figurinhas em um álbum. Em cada página cabem 5 figurinhas, e vou ocupar 3 páginas. Quantas figurinhas vou colar ao todo?

Na malha quadriculada cada linha representa uma página e cada quadrado representa uma figurinha. Assim, temos 4 páginas, sendo que três delas estão preenchidas com cinco figurinhas (quadrados escuros).

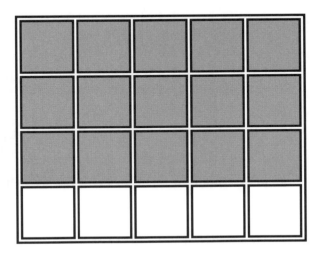

Malha quadriculada

É possível ainda inverter os fatores, e a área continuará a mesma. No entanto, a figura ficará invertida.

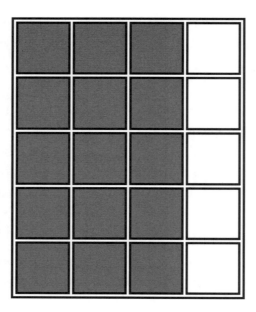

Malha quadriculada

Assim como a multiplicação, a divisão também se vincula a diferentes ideias. No entanto, desde muito cedo, as crianças se dedicam a resolver situações de divisão, mesmo que para isso utilizem distribuições um a um do todo a ser distribuído, como no caso de distribuir um copo para cada colega.

Desse tipo de situação até o uso do algoritmo convencional da divisão há que se percorrer um longo caminho, mas devemos planejá-lo pensando na exploração das ideias da divisão. O importante é que as crianças entendam o que estão fazendo, construam paulatinamente os conceitos, para depois usarem os procedimentos convencionais, como o algoritmo.

A ideia mais comum da divisão diz respeito a **situações de distribuição**: sabe-se quantos são os grupos e busca-se calcular quantos elementos ficam em cada grupo, por exemplo: Tenho 15 canetas e quero distribuí-las entre 3 amigos. Quantas canetas devo dar a cada um deles?

No entanto, a operação divisão pode ainda envolver a **ideia de formar grupos**: sabe-se quantos elementos devem ficar em cada grupo e busca-se calcular quantos grupos pode-se formar.

E os conteúdos matemáticos?

Em função da ideia de quantas vezes um número cabe dentro do outro, a situação de formar grupo é também denominada **"medida"**.

Vejamos um exemplo: Tenho 15 canetas e quero colocar 3 em cada bandeja. Quantas bandejas consigo montar?

Canetas e bandejas

Nesses casos, a tendência é a criança seguir desenhando. Desenha 3 canetas na primeira, 3 na segunda e assim sucessivamente, até atingir o total de 15 canetas desenhadas. Gradativamente, é importante que você ajude seus alunos a pensar na seguinte questão: quantas vezes o 3 cabe no 15? Como podemos pensar para calcular? Contar de 3 em 3? Esse é um trabalho para a tabuada!

4.3 Tabuada: compreender antes de memorizar!

A tabuada é a mesma desde o tempo em que nossos pais eram crianças: um conjunto de multiplicações de 1×1 a 10×10. Ela foi e continua sendo importante, o que justificava a solicitação das inúmeras listas de multiplicação aos alunos, para garantir a memorização. No entanto, mesmo depois de tantas repetições muitas crianças ainda não conseguiam memorizar as sequências!

Escrita no passado, a última frase até poderia nos fazer crer que essa situação não ocorre mais! Uma breve análise de salas de aula dos anos iniciais do Ensino Fundamental pode rapidamente contrariar essa afirmação... Ainda hoje as crianças repetem as sequências, inúmeras vezes, e mesmo assim não as memorizam nem as compreendem.

E memorizar as tabuadas é importante? Sim! Saber a tabuada de cor possibilita ao aluno pensar em outros aspectos do problema, como os sentidos que a operação pode assumir, assim como agiliza os cálculos. Mas antes de memorizá-la é preciso compreendê-la.

O que estamos buscando é a compreensão de relações entre números e as propriedades da multiplicação, como a proporcionalidade e a comutatividade, sem necessariamente apresentar definições matemáticas a nossos alunos. Por exemplo, se 6 é o dobro de 3, todos os resultados da tabuada do 6 são o dobro dos resultados da tabuada do 3. Ou caso não se lembre do resultado de 9 × 4, a criança pode tentar buscar o resultado de 4 × 9.

Outras possibilidades, como retirar 8 do resultado de 8 × 10 para encontrar o resultado de 8 × 9, são ações que indicam a compreensão e facilitam o trabalho com a tabuada.

Sugestões de propostas

Uma boa aliada nesse processo é a tabela pitagórica, também chamada de tábua e tabela de multiplicação. Ela é uma tabela de dupla entrada em que são registrados os resultados das multiplicações, de 1 x 1 a 10 x 10, de forma que o número da linha deve ser multiplicado pelo da coluna e, no espaço correspondente ao encontro de linha e coluna, registra-se o resultado do cálculo.

E os conteúdos matemáticos?

71

Tabela 4.2 Tabela de Pitágoras									
×	1	2	3	4	5	6	7	8	9	10
1	**1**	2	3	4	5	6	7	8	9	10
2	2	**4**	6	8	10	12	14	16	18	20
3	3	6	**9**	12	15	18	21	24	27	30
4	4	8	12	**16**	20	24	28	32	36	40
5	5	10	15	20	**25**	30	35	40	45	50
6	6	12	18	24	30	**36**	42	48	54	60
7	7	14	21	28	35	42	**49**	56	63	70
8	8	16	24	32	40	48	56	**64**	72	80
9	9	18	27	36	45	54	63	72	**81**	90
10	10	20	30	40	50	60	70	80	90	**100**

Você pode propor várias atividades com base na tabela. Uma vez que as crianças conhecem seu funcionamento, pode solicitar que preencham apenas as tabuadas do 5 e do 10. Depois disso, socialize com o seguinte objetivo: perceber que os resultados da primeira correspondem à metade dos resultados da segunda.

Você pode ainda solicitar que as crianças preencham as tabuadas do 2 e do 3. Em seguida, ajude-os a perceber que a soma dos resultados das duas tabuadas corresponde aos resultados da tabuada do 5 (que já está preenchida). ■

Voltemos às propriedades da multiplicação. A **proporcionalidade** é uma propriedade da multiplicação que explica o fato de que, se um número qualquer sofrer alguma transformação, por exemplo, for dobrado, todos os resultados de multiplicação por ele sofrem a transformação, na mesma proporção. Assim, quando uma grandeza dobra, a outra também dobra, se triplicar ocorre a mesma transformação.

Se uma lapiseira custa 5 reais, quanto custarão 3 lapiseiras?

Seus alunos podem apresentar estratégias como 5 + 5 + 5 para a resolução desse problema, e depois disso passar a contar de um em um, para calcular o total. Além de lenta, essa estratégia apresenta grande possibilidade de erro, uma vez que incide em contar até 15. E se ao invés de perguntar o preço de 3 lapiseiras, você perguntar o preço de 9?

Por isso, estratégias como essa devem ser consideradas como as primeiras possibilidades de cálculo. Assim, desafie seu aluno a pensar em outras situações, como:

Uma loja embala enfeites de aniversário em caixas com 9 unidades. Quantas unidades teremos em 2 caixas? Complete a tabela:

Tabela 4.3

Caixas	Enfeites
1 caixa	9 enfeites
2 caixas	
4 caixas	
8 caixas	

A partir de propostas como esta você deve explorar relações de dobro, triplo e quádruplo. Por exemplo, os produtos da coluna do 8 são o dobro dos produtos da coluna do 4, e quatro vezes os da coluna do 2. Da mesma forma, os valores da coluna do 9 são o triplo dos da coluna do 3.

As crianças pensam assim...

Veja como isso pode ser útil: certa ocasião um aluno nos perguntou quanto era 4 x 9. Para ajudá-lo a pensar, perguntei se 2 x 9 poderia ajudar.

E os conteúdos matemáticos?

A criança sentou-se, pensou durante alguns minutos e, em seguida, trouxe uma resposta: eu pensei que se 4 é o dobro de 2, então o resultado deve ser o dobro de 18 (que é o produto que resulta da multiplicação 2 x 9). Observe que **ao não responder diretamente**, mas devolver outra pergunta, é um encaminhamento que além de ajudar a responder, garante reflexão, análise e pensamento matemático!

Outra importante propriedade da multiplicação é a **comutatividade**. Ela indica que a ordem dos fatores não altera o produto. Uma vez percebida, a comutatividade leva o aluno a memorizar apenas metade da tabela, posto que os resultados se repetem a partir de um eixo de simetria na diagonal central do quadro (marcada pelos números em negrito na tabela de Pitágoras – Tab. 4.2). Observe que, por exemplo, tanto acima como abaixo da diagonal o número 32 aparece, como resultado de 8 × 4 e 4 × 8.

Sugestões de propostas

O trabalho com a comutatividade incide ainda na análise de enunciados de problemas. Vejamos os exemplos:

* Fui ao parque de diversões e brinquei 3 vezes na roda gigante. Para cada uma das vezes que brinquei, paguei R$ 5,00. Quanto gastei no total?

* Fui ao parque de diversões e brinquei 5 vezes na roda gigante. Para cada uma das vezes que brinquei, paguei R$ 3,00. Quanto gastei no total?

Nas duas situações o resultado é 15. Mas, o que você acha que seus alunos prefeririam? Brincar 3 vezes, e pagar R$ 5,00 a cada brincadeira, ou brincar 5 vezes, e pagar R$ 3,00 a cada brincadeira?

Conduza discussões como essa, mas não se esqueça de que do ponto de vista matemático o que importa é o fato de que em 3 x 5 ou 5 x 3 o resultado não muda!

Uma vez que o trabalho com a tabela de multiplicações esteja organizado, você pode escolher alguns desafios para seus alunos. Tenha em mente que as primeiras regularidades percebidas se referem às seguintes ideias:

1. todo número multiplicado por 10 termina em 0;
2. todo número multiplicado por 5 termina em 5 ou em 0;
3. todo número multiplicado por 1 resulta nele mesmo.

Outras regularidades, menos evidentes, podem ser abordadas em atividades desafiantes. Por exemplo, questione as crianças a respeito da coluna em que se encontram a soma dos números multiplicados por 2 e 5:

$$(2 \times 1) + (5 \times 1)$$
$$2 + 5 = 7$$

Depois,

$$(2 \times 2) + (5 \times 2)$$
$$4 + 10 = 14$$

Depois,

$$(2 \times 3) + (5 \times 3)$$
$$6 + 15 = 21$$

e assim sucessivamente, teríamos a sequência, 7, 14, 21...

Será que os resultados dos produtos da tabuada do 2, adicionadas aos produtos da tabuada do 5, resultam na tabuada do 7? E será que encontraríamos os mesmos resultados (produtos da tabuada do 7) na soma de outras duas tabuadas, como, por exemplo, nas tabuadas do 3 e do 4? E por que isso acontece?

Essa questão levará à aproximação de outras propriedades da multiplicação, a **associativa** e a **distributiva**. Falaremos mais a respeito dessas propriedades no item que vem a seguir: o cálculo convencional, ou conta armada.

A propriedade associativa permite substituir duas ou mais parcelas pela sua soma, ou dois ou mais fatores pelo seu produto.

A propriedade distributiva relaciona duas operações, como a adição e a multiplicação. Isso quer dizer que a multiplicação pode ser distribuída pelas parcelas da adição.

4.4 É hora da conta armada!

Depois de percorrer um longo caminho no qual a criança vai explorar importantes características do sistema de numeração, como o agrupamento e a base 10, é chegada a hora de conhecer mais uma possibilidade de operar: a conta armada.

Veja que faço referência a mais uma possibilidade de operar, nem a principal, nem a mais importante, nem irrelevante. Apenas mais uma forma de calcular.

Para que a criança possa atribuir sentido ao cálculo em conta armada, dois aspectos são imprescindíveis: o conhecimento da estrutura lógica do sistema de numeração e o significado das operações. Por isso, começamos afirmando que o caminho que antecede a exploração desse registro é longo!

Muitas vezes, mesmo que se respeite o processo de atribuição de sentido vivenciado individualmente nossos alunos, alguns deles apresentam dificuldades! Vejamos na análise de um cálculo o que ocorre.

Vamos considerar o cálculo 246 + 153. Na conta armada:

C	D	U
2	4	6
+ 1	5	3
3	9	9

Nesse registro, um usuário acostumado com a operação (mas não necessariamente hábil no uso do sistema de numeração) pensa: 6 + 3 = 9, o que resolve a questão na ordem das unidades.

Depois, 4 + 5 = 9 e 2 + 1 = 3, o que indica os resultados que deve ser posicionados na ordem das dezenas e nas centenas. No entanto, nesse registro perdemos de vista o valor posicional que o número, no âmbito do sistema de numeração, assume. Na ordem das unidades, não há problema, falamos de 6 + 3.

Mas no que diz respeito às ordens da dezena e da centena, temos a adição de 40 + 50 e 200 + 100! Quando dissemos que um usuário acostumado, mas não necessariamente hábil no uso do sistema de numeração, poderia resolver esse cálculo, dizíamos que esse cálculo encobre possíveis dificuldades das crianças com o sistema de numeração, pois se houver a boa memorização dos passos necessários ao cálculo, não haverá dificuldades no cálculo (ao menos aparentes).

A fim de evitarmos isso, temos adotado uma tabela para o registro em nossas salas de aula do Ensino Fundamental. O cálculo acima ficaria assim:

Tabela 4.4		
Grupos de 100	Grupos de 10	Grupos de 1
2	4	6
1	5	3
3	9	9

Utilizamos essa tabela tanto para cálculos de adição nos quais não há reagrupamento (quando a soma dos números envolvidos apresenta total menor ou igual a 9) quanto nos casos em que ocorre o reagrupamento (quando a soma dos números envolvidos apresenta total maior do que 9). Desde a exploração de cálculos sem reagrupamento, procuramos nos referir aos agrupamentos que os algarismos indicam, a fim de ajudar a criança a perceber a que nos referimos quando falamos de unidades, dezenas e centenas.

Além da tabela, temos procurado auxiliar o cálculo com material de contagem, o material dourado, que pode ser substituído por canudos ou palitos, quando percebemos a necessidade de se insistir na questão dos grupos de 10.

Vejamos o cálculo: 272 + 353 no material dourado:

Nesse caso, o material dourado é indispensável, pois reunir os dois totais a serem adicionados já seria bem difícil, e contar o total (que nesse caso alcança o valor 625) seria ainda mais complicado.

E os conteúdos matemáticos?

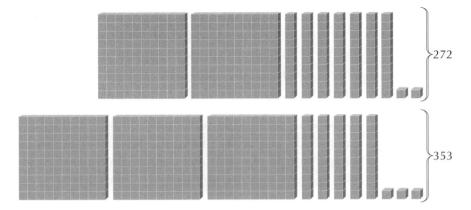

Material dourado

Teremos 5 grupos de 100, ou 5 centenas, ou 500 unidades, 12 grupos de 10 dezenas, ou 120 unidades, e ainda 5 unidades. Os 12 grupos de 10 (ou dezenas) precisam de reagrupamento, pois 10 delas constituem uma nova centena. Assim teremos 2 dezenas (das 12 inicialmente totalizadas) e 6 grupos de 100 (ou centenas).

Na tabela:

Tabela 4.5		
Grupos de 100	Grupos de 10	Grupos de 1
2	7	2
3	5	3
5	12 ou 1 grupo de 100 + 2 de 10	5

Na subtração seguimos utilizando a tabela e o material de contagem. Vejamos o cálculo 32 – 18. Costumamos questionar as crianças, perguntando como retirar 8 unidades, se temos apenas 2? É possível fazer essa conta?

No 2º ano do Ensino Fundamental, as crianças já percebem que esse cálculo é possível, pois de 32 posso retirar 18, uma vez que

32 é maior. Mas como fazer? Algumas crianças apresentam a estratégia de contar a partir de 18, adicionando quantidades quaisquer até chegar ao 32. Assim, dizem algo como: 18, mais 2, dá 20. Agora, 20 mais 10, igual a 30, e mais 2, pronto! Cheguei no 32. Somei 2 + 10 + 2, o que dá 14!

Nesses casos, perguntamos, então, como fazer o cálculo da subtração, já que adicionando descobrimos (ou constatamos) a possibilidade. As crianças que até aqui não perceberam a necessidade de desagrupamento, costumam fazê-lo ao olhar o material dourado. Vejamos:

Figura 4.18 Material dourado

Preciso retirar desse total, 18. Retiramos 10, e para retirar os 8 que ainda são necessários, desagrupa-se uma dezena, o que possibilita o cálculo. Na tabela:

Tabela 4.6		
Grupos de 100	Grupos de 10	Grupos de 1
	2 ̶3̶ (desagrupa-se um deles)	2 + 10 = 12
	1	8
	2 − 1 = 1	12 − 8 = 4

Para calcular usando a conta armada, o que importa é que a criança domine o sistema de numeração decimal, fazendo uso de suas propriedades, como a decomposição numérica, anteriormente abordada.

E os conteúdos matemáticos?

Para o cálculo da multiplicação, as crianças precisam seguir observando o agrupamento das ordens decimais, mesmo quando consideramos multiplicações breves, como 36 × 4, por exemplo. Quando multiplicamos 6 × 4, e encontramos 24, o registro do produto mantém na ordem das unidades o algarismo 4, e o 2, que indica as dezenas, deve ser adicionado à ordem das dezenas. Uma das formas que temos adotado para conduzir esse trabalho tem sido adiar a exploração do algoritmo convencional da multiplicação para o início do 4° ano do Ensino Fundamental, momento em que as crianças apresentam mais maturidade quanto à estrutura do sistema de numeração.

No entanto, sabemos da dificuldade que os professores encontram para adiar a exploração do cálculo no algoritmo convencional, pois nos parece que o *status* que esse conhecimento tem na sociedade acaba por forçar esse trabalho.

Assim sugerimos que as crianças possam fazer registros longos da multiplicação, a fim de retomar a discussão dos agrupamentos.

Vejamos o cálculo 36 × 4, a respeito do qual falamos acima, em registro longo:

$$
\begin{array}{r}
\mathbf{D}\ \ \mathbf{U} \\
3\ \ 6 \\
\times\ \ 4 \\
\hline
2\ \ 4 \\
1\ \ 2\ \ 0 \\
\hline
1\ \ 4\ \ 4
\end{array}
$$

(resultado de 6 × 4)
(resultado de 4 × 30)

Essa abordagem auxilia a criança na percepção dos passos do cálculo: 6 × 4, que resulta 24, e 4 × 30 (e não 3 × 4!). Além disso, com a exploração desse tipo de registro, você poderá ainda explorar as decomposições da multiplicação. Isso é importante, pois o segundo passo (no caso acima, multiplicar 4 × 30), sempre incidirá na multiplicação de um número que é múltiplo de 10.

Suponhamos que você precisa fazer a multiplicação 2 × 90. Nesse cálculo, posso pensar 2 × 9 × 10, que resulta em 2 × 9, que é 18, e 18 × 10.

Na sequência, você vai ainda trabalhar com multiplicações por dezenas, como é o caso do cálculo 124×12. Quando eu era criança, a professora me ensinou que havendo dezenas no multiplicador eu devia colocar um sinal de + na segunda linha dos totais parciais. Qual não foi a minha surpresa ao descobrir por que não se ocupa a ordem das unidades, nesse caso, ou a das dezenas caso o multiplicador fosse um número de três algarismos, e assim por diante!

O registro longo pode ajudar a pensar nisso, assim como as decomposições de que falamos acima. Vejamos o cálculo 458×26, no registro longo:

$$
\begin{array}{ccc}
\mathbf{C} & \mathbf{D} & \mathbf{U} \\
4 & 5 & 8 \\
\times\ 2 & 6 \\
\end{array}
$$

		4	8	(6×8)	
	3	0	0	(6×50)	$458 \times 6 = 2748$
2	4	0	0	(6×400)	
	1	6	0	(20×8)	
1	0	0	0	(20×50)	$458 \times 20 = 9160$
8	0	0	0	(20×400)	
1	1	9	0	8	

Gradativamente as crianças ganham agilidade nesse registro, e podem passar a fazê-lo de forma breve. Veja:

$$
\begin{array}{cccc}
\mathbf{C} & \mathbf{D} & \mathbf{U} \\
 & 4 & 5 & 8 \\
 & \times\ 2 & 6 \\
\hline
 & 2 & 7 & 4 & 8 \\
9 & 1 & 6 & 0 \\
\hline
1 & 1 & 9 & 0 & 8 \\
\end{array}
$$

Veja que a ordem das unidades na primeira multiplicação na ordem das dezenas (que, nesse caso, refere-se a 20×8) não pode resultar em um número da ordem das unidades, e por isso não se pode utilizar essa ordem! Além disso, a multiplicação da ordem das dezenas, que, nesse caso, refere-se a 458×20, também só

E os conteúdos matemáticos? 81

pode resultar em um número que termine com 0, pois temos a multiplicação de um número que termina em 0.

Finalmente, a divisão! No cálculo de divisão estão presentes as operações adição, subtração e multiplicação, e talvez por isso alguns professores atribuem a esse cálculo uma dificuldade maior do que os demais cálculos. Não creio que a divisão seja mais difícil, mas concordo com a ideia de que nela empregamos os demais cálculos discutidos até aqui, além do sistema de numeração decimal. Desde muito cedo as crianças fazem pequenas divisões, apelando à distribuição de 1 em 1.

É na sistematização desses conhecimentos, organizados em conta armada, que as crianças aplicarão o que sabem dos demais cálculos. Vou compartilhar com você os cuidados e os questionamentos que costumo fazer com alunos e professores.

Vejamos:

Para calcular a divisão 48 ÷ 3:

$$
\begin{array}{cc|c}
\mathbf{D} & \mathbf{U} & \\
4 & 8 & 3 \\
\hline
& & \\
\end{array}
$$

Observe que temos 4 grupos de 10, portanto 40, e 8 unidades. Nesse ponto, há algo a ser discutido, que se refere ao sistema de numeração.

Se temos 4 grupos de 10, posso distribuí-los entre os 3 (algarismo do divisor), e ainda assim distribuir grupos de 10? Nesse caso, sim.

Distribuo 1 grupo de 10 para cada um dos 3 ($3 \times 10 = 30$), e ainda sobra 10, que adicionado às unidades do dividendo (48, nesse caso), totaliza 18. Então:

$$
\begin{array}{cc|cc}
\mathbf{D} & \mathbf{U} & & \\
4 & 8 & 3 & \\
-3 & 0 & \mathbf{D} & \mathbf{U} \\
\hline
1 & 8 & 1 & \\
\end{array}
$$

Agora tenho 18 (o que sobrou do dividendo), e distribuo 6 (3 × 6 = 18) para cada um dos 3 (algarismo do divisor), e não sobra nada!

```
D U
4 8 | 3
-3 0 | D U
─────
1 8 | 1 6
-1 8
─────
  0 |
```

E se o dividendo fosse 126 e o divisor 3? Vejamos:

```
C D U
1 2 6 | 3
──────────
      |
```

Nesse caso, teríamos na ordem das centenas 1 grupo delas. Se tenho 1 grupo de 100, como dividir por 3? Mantendo o agrupamento não posso fazer a distribuição!

Você poderia fazer a divisão, mas distribuiria centenas? Embora no dividendo você tenha um número da ordem das centenas, isso não vai se repetir no quociente, pois tenho que desagrupar a ordem das centenas a fim de operar. O que podemos antecipar então?

```
C D U
1 2 6 | 3
──────────
      | D U
```

Antes mesmo de iniciar o cálculo, pode-se dizer que no quociente teremos um número da ordem das dezenas, ou que no quociente teremos um número com dois algarismos, pela necessidade de desagrupamento.

Em casos como esse, aprendi que 1 é menor que 3, então o 1 deveria "dar a mão para o 2". E eu me perguntava: mas esse 1 não é 100? E 100 não pode ser distribuído entre 3? Intrigada com

E os conteúdos matemáticos?   83

questões como essa, perdia todas as demais explicações da professora! Se o que você busca é um processo pelo qual seus alunos atribuem algum sentido matemático ao que fazem, isso não pode acontecer em sua sala de aula!

Na sequência do cálculo acima, aí sim cabe falar em dividir 12 dezenas por 3, e seguir com o cálculo.

Vejamos esse outro cálculo: 812 ÷ 4

$$
\begin{array}{ccc|l}
\mathbf{C} & \mathbf{D} & \mathbf{U} \\
8 & 1 & 2 & 4 \\
\hline
& 0 & 1 & \mathbf{C}\ \mathbf{D}\ \mathbf{U} \\
& & & 2
\end{array}
$$

Nesse caso, temos 8 grupos de 100 ou centenas, que posso distribuir entre 4 (algarismo do divisor), o que resulta em 2 ($2 \times 4 = 8$) e não resta nenhum grupo de 100. Como não restou nenhum grupo de 100, ou centenas, passamos então a operar com o grupo das dezenas. Temos 1 grupo de 10 para distribuir entre 4.

Nesse caso, tenho discutido com os grupos de professores com os quais trabalho: se tenho 1 grupo, posso distribuir entre 4, mantendo o agrupamento? Quantos grupos de 10 para cada um dos 4? Nenhum! E como representar isso?

$$
\begin{array}{ccc|l}
\mathbf{C} & \mathbf{D} & \mathbf{U} \\
8 & 1 & 2 & 4 \\
\hline
& 0 & 1 & \mathbf{C}\ \mathbf{D}\ \mathbf{U} \\
& & & 2\ \ 0
\end{array}
$$

Colocando o 0 na ordem das dezenas!

Agora é simples! É só baixar o 2 e dividir por 4!

$$
\begin{array}{ccc|l}
\mathbf{C} & \mathbf{D} & \mathbf{U} \\
8 & 1 & 2 & 4 \\
0 & 1 & 2 & \mathbf{C}\ \mathbf{D}\ \mathbf{U} \\
-1 & 2 & & 2\ \ 0\ \ 3 \\
\hline
& & 0 &
\end{array}
$$

Este capítulo foi dedicado a entendermos e discutirmos como as crianças pensam sobre os conteúdos matemáticos: sistema de numeração e cálculo, abordando algumas possíveis intervenções do professor para ajudá-las a avançar na sua aquisição e apropriação.

Nossas colocações não esgotam o tema, mas ajudam a pensar em estratégias e procedimentos que podemos utilizar para que a aprendizagem da Matemática tenha sentido e significado. ■

5 Grandezas e Medidas

Medir é uma ação comum em nosso cotidiano. Mas o que é medir para você? O que significa tomar, por exemplo, uma fita métrica, e passá-la ao redor da cintura, ou tomar o metro e encostá-lo na parede, quando queremos pendurar quadros, ou na janela, quando queremos escolher cortinas novas para a sala?

Nessas ações comparamos a parede ou a janela com uma unidade de medida convencional, o metro. Isso nos leva a afirmar que medir é comparar grandezas.

Desde a antiguidade até hoje, muitos foram os padrões de medida empregados, em geral relacionados ao corpo humano. Daí, surgiu a polegada, o palmo, a braça, o passo, que, embora de forma escassa, ainda são utilizados.

Os sistemas de medida que conhecemos hoje são decimais, aproximando-se das características de nosso sistema de numeração. Mas nem sempre foi assim!

Na Idade Média, as trocas se restringiam aos limites de cada feudo. A jarda foi uma medida bastante utilizada pelos reis nesse período, e correspondia à distância entre a ponta do nariz do rei e a de seu dedo polegar, com o braço esticado. O problema era que, quando mudava o rei, mudava também o padrão.

Em 1795, uma comissão integrada por Lagrange, Laplace e Monge propôs uma unidade padrão de comprimento, definido como "a décima milionésima parte do quadrante de um meridiano terrestre".

Para chegar a essa conclusão, astrônomos integrantes da comissão mediram o arco do meridiano entre as cidades de Dunquerque, na França, e Barcelona, na Espanha, passando por Paris, o que resultou em um metro fabricado em platina e adotado como padrão. Além do metro, a comissão propôs ainda o metro quadrado (m^2) como unidade principal para medir superfícies e o metro cúbico (m^3), como unidade de volume.

Entre a divulgação dos trabalhos dessa comissão e nossos dias houve diversas adequações dessa medida, e hoje o metro é também definido como o comprimento do trajeto da luz no vácuo durante o intervalo de tempo de 1/199792458 de segundo.

No Brasil, embora a Lei Imperial nº 1157, de 26/06/1862, criada por D. Pedro II, adotou o Sistema Métrico Decimal, o seu uso sistemático só ocorreu efetivamente a partir de 1938, já no período do "Estado Novo" ou da "Ditadura Vargas".

No contexto do ensino das medidas, o processo deve ter início pela utilização de unidades de medida diversificadas. Assim, para se medir o comprimento de uma mesa, você pode propor a utilização de palmos, pedaços de barbante ou uma régua.

Entre o 1º e o 2º ano do Ensino Fundamental, você pode propor o acompanhamento do crescimento em estatura das crianças, usando pedaços de barbante. Meça a altura das crianças esticando um barbante do alto da cabeça até os pés, corte o barbante, enrole e guarde. Faça isso algumas vezes durante o ano, e ao final compare o tamanho dos barbantes.

Se estiver trabalhando com o 2º ano, você pode propor que as crianças comparem o barbante com uma fita métrica. Dessa forma, você introduz a unidade convencional, por meio da necessidade de padronizar a medição, caso não houvesse o barbante.

Há muitas outras formas de se introduzir situações de medida, mas o importante é que você explore a não convencionalidade. Nessas situações, você estará enfocando a tarefa de medir em si, que é essencialmente comparar grandezas.

O trabalho com medidas deverá ajudar a criança a construir ideias relativas aos atributos comprimento, altura e largura de uma figura qualquer.

Grandezas e medidas

Vamos usar uma caixa de creme dental para isso. Deixe que as crianças explorem as caixas e decidam sobre o tamanho delas, enquanto você utiliza o vocabulário pertinente (altura, largura e comprimento).

Para caixas colocadas de frente, você pode chamar de altura o lado da face que identifica o produto, ou seja, a que chama atenção para o produto, de comprimento, o lado que dá a extensão do objeto, e de largura, a outra medida.

Veja o exemplo:

Figura 5.1 Caixa de paste de dente

Depois você pode pedir para que as crianças recortem a face que contém os lados que foram identificados como comprimento e altura, obtendo assim a figura plana. Veja o exemplo:

Figura 5.2 Comprimento da caixa

Peça para que colem o recorte em uma folha quadriculada e, em seguida contem quantos quadradinhos foram recobertos pela figura. Compare os resultados, discuta o que cada medida quer dizer, e ordene pelo critério tamanho, a partir dos resultados das medições.

Adote como objetivo que as crianças percebam a área de uma figura pelo uso da folha quadriculada, pois assim poderão perceber que a unidade de medida é o quadrado, o que possibilita a comparação de resultados, assim como a comunicação deles. Diversifique as atividades, a partir dessa premissa.

Ainda é preciso explorar a noção de perímetro como contorno. Retome a face da caixa de creme dental, colada em papel quadriculado e verifique quantos lados de quadradinhos são ocupados no comprimento e na altura da face colada. Veja o exemplo:

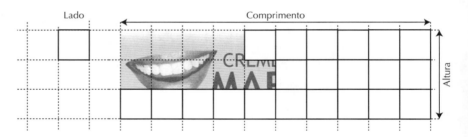

Figura 5.3 Perímetro da caixa

Você vai introduzir a noção de perímetro como uma medida do contorno de uma figura plana. Procure explorar a noção em outras situações. Por exemplo: escolha alguns polígonos em madeira ou acrílico e peça para que as crianças os contornem, em cima de uma folha de papel.

Depois meça com um barbante o desenho registrado. As crianças menores podem apenas comparar o tamanho dos barbantes e as maiores (4º ou 5º) podem transformar os pedaços de barbante em medidas, comparando-os a uma régua.

Ao fazê-lo, a ideia de centímetro, um submúltiplo do metro, será empregada. Essa é uma unidade de medida comum, de forma que as crianças podem utilizar a nomenclatura.

Grandezas e medidas   89

No entanto, isso não quer dizer que realmente saibam ou que atribuam um valor decimal ao nome. Para avançar na construção dessas relações, sugerimos a seguinte proposta: você pode confeccionar uma tira de papel de até 100 centímetros (cm) de comprimento (um metro) e lançar alguns questionamentos:

- Quantos centímetros há em um metro?

- Se dividirmos o metro em 100 partes iguais, quanto medirá cada parte?

- Se dividirmos o metro em 10 partes iguais, quanto medirá cada parte? E se dividirmos em 1000 partes?

- Um metro equivale a quantos decímetros? (dm)

- Um metro equivale a quantos milímetros? (mm)

A partir disso, e retomando as relações de agrupamento do sistema de numeração, construa a seguinte tabela de conversão:

- **1** km = **10** hm = **100** dam = **1000** m
- **1** hm = **10** dam = **100** m
- **1** dam = **10** m
- **1** m = **10** dm
- **1** m = **100** cm
- **1** m = **1000** mm

Tabela 4.7 Tabela de múltiplos e submúltiplos

Múltiplos			Unidade fundamental	Submúltiplos		
quilômetro	hectômetro	decâmetro	metro	decímetro	centímetro	milímetro
km	hm	dam	m	dm	cm	mm
1.000 m	100 m	10 m	1 m	0,1 m	0,01 m	0,001 m

O metro quadrado é bastante utilizado em nossa sociedade, pois corresponde à área da região quadrada de um metro de lado e abrevia-se por m^2. Dessa forma também são definidos o km^2, o hm^2, o dam^2, o dm^2, o cm^2 e o mm^2.

No ensino de medidas cabe variar as tarefas de medida, a fim de discutir a adequação da unidade de medida adotada. Por exemplo, não faz sentido medir a superfície da sala de aula em cm^2, nem tampouco uma folha de sulfite em km^2.

Como estamos falando de uma unidade de medida de área, construa com a turma o metro quadrado (m^2), o que pode ser feito com papel pardo ou com jornais.

Para isso, recorte as folhas e cole-as de forma a obter uma figura de formato quadrado, em que cada um dos lados tenha um metro de comprimento. Recorte ainda 100 cartões de cartolina, de formato quadrado, cujo lado meça um decímetro de comprimento.

A partir da folha de formato quadrangular de um metro de lado, correspondente a um metro quadrado (m^2), e de um dos cartões de cartolina, de forma quadrada, medindo um dm, que corresponde a um decímetro quadrado (dm^2), questione: quantos desses cartões são necessários para recobrir a folha de um m^2?

O procedimento esperado é que o aluno coloque apenas uma fileira de cartões sobre a folha e a partir dela conclua que o total de fileiras é dez e que, portanto, o total de cartões necessários é cem. No entanto, você poderá perceber que algumas crianças poderão aparentemente necessitar posicionar mais do que 10 cartões, outros até mesmo todos os 100, a fim de perceber que um metro quadrado corresponde a cem decímetros quadrados $(1 \ m^2 = 100 \ dm^2)$.

Não importa. O que você deve buscar será sempre a possibilidade de construir relações. Então, deixe que as crianças experimentem, manipulem e testem suas hipóteses.

6 Geometria – que espaço?

Nossa escolarização foi provavelmente marcada por idas e vindas que caracterizaram o ensino da Geometria. Quando eu era criança, lembro-me de que nem sempre os conteúdos dessa área eram valorizados, ficavam nas últimas páginas do livro didático, e se caso não houvesse tempo para abordá-los, aparentemente não havia problema. De minha experiência com formação inicial para a docência, e mesmo com grupos de professores atuantes, algumas delas há mais de 10 anos, a dificuldade no ensino desses conteúdos volta a se manifestar. As histórias de vida dessas pessoas, que hoje são professores, muitas vezes indicam uma experiência similar a nossa como alunos!

Então, se aparentemente já houve uma tendência que não valorizava o ensino dessa área no passado, por que o esforço em ampliar essa discussão e retomar propostas possíveis para tratar dos conteúdos de Geometria em sala de aula nos anos iniciais do Ensino Fundamental?

Vejamos, então, quais justificativas a própria Educação Matemática tem para reverter esse quadro. A principal delas diz respeito ao fato de que a Geometria está em toda parte, mas é necessário vê-la, estudá-la! A própria humanidade resolveu muitos problemas com base em ideias surgidas da observação do cotidiano, como o paralelismo, as medidas de área etc.

Os estudos desenvolvidos na área da psicologia também apontam a mesma necessidade. De acordo com essas pesquisas, as crianças desenvolvem a visualização espacial e a verbalização ao estudarem Geometria. Além disso, a Geometria está em várias atividades humanas, como na produção industrial, na arquitetura, nas artes plásticas e até mesmo na natureza.

Com base nessas reflexões, podemos afirmar que, ao estudar Geometria, a criança reconhece o espaço em que se move, o que é importante para que possa agir sobre o mundo. Para que isso ocorra, enquanto professores, vamos utilizar intervenções baseadas na experimentação e na manipulação.

Para discutir o ensino da área nessa perspectiva de manipulação e experimentação, convidamos você a nos acompanhar na apresentação de temas gerais de ensino e compartilhar metodologias que temos testado em sala de aula. Acreditamos que você pode, além de reconhecer os conteúdos propostos pelos documentos oficiais, ampliar substancialmente seu repertório de atividades didáticas significativas para seus alunos.

Pontos de referência

O trabalho com pontos de referência visa não apenas ao reconhecimento do espaço mais próximo, como a sala de aula, mas também de espaços mais amplos, como a escola, o bairro. Entre alunos do 1º e 2º ano, o estudo do espaço pode ajudá-los a atribuir sentido a ideias como esquerda, direita, abaixo, ao lado de, perto, longe – termos utilizados para descrever a posição de pessoas e objetos, assim como seus deslocamentos.

Comece com atividades que permitam que as crianças desenvolvam a capacidade de estabelecer pontos de referência em seu entorno e se situar no espaço.

Geometria – que espaço?

Sugestões de propostas

Sugerimos uma série de desafios.

Ajude um amigo a encontrar sua mesa na sala

A criança deve tentar ajudar o amigo a encontrar a mesa, apenas situando-o com dicas, que podem ser escritas ou orais, a depender da competência leitora. O importante é que a criança possa perceber a necessidade de situar o outro no espaço, pois para isso será preciso usar pontos de referência, como a lousa, a janela, a mesa da professora.

Desenhe o mapa da classe e marque sua carteira

Depois de experimentar orientar outra pessoa no espaço, você pode pedir para que as crianças desenhem a sala de aula e localizem a própria carteira. É importante levantar com os alunos quais os elementos que não podem faltar no mapa: lousa, porta, janelas, armários etc.

Mapa de localização da sala na escola

A localização do espaço pode ser ampliada, com base nos mesmos conhecimentos trabalhados anteriormente. Aproveite, por exemplo, a oportunidade de uma eventual reunião de pais e solicite aos alunos que indiquem aos pais a localização da sala de aula, na escola.

Para cumprir a tarefa, divida os alunos em pequenos grupos, peça para que caminhem pela escola e busquem as referências importantes para ajudar os pais na localização, elaborando, a partir dessa observação, um desenho da escola que indique o deslocamento para se chegar à sala de aula.

Discuta com o grupo qual dos desenhos melhor representa o que se busca. Mais de um desenho pode ser escolhido, mas é importante ressaltar em cada um deles os pontos de referência visualizados pelos grupos.

Caça ao tesouro

Algumas brincadeiras são boas aliadas na exploração dos conceitos geométricos, como "Caça ao tesouro", nas quais as crianças devem seguir pistas escritas ou desenhadas que indicam deslocamentos no espaço para encontrar o tesouro. Você pode indicar os deslocamentos com frases como: "vá até a entrada da biblioteca e vire à direita" ou "passe o portão de entrada e vire à esquerda, depois da terceira porta".

Batalha naval

Os alunos do 3º ou 4º anos podem brincar de "Batalha naval". Usando papel quadriculado, as crianças devem usar referências de letras e números, cruzando-as a fim de tentarem encontrar os equipamentos de seu oponente.

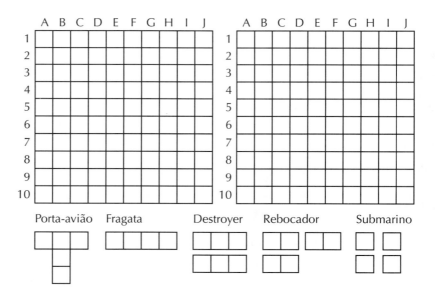

Batalha naval

"Batalha naval" é jogado em papéis com dois quadrados quadriculados para cada jogador. Cada quadrado tem números de 1 a 10 na horizontal e letras de A a J na vertical.

Geometria – que espaço?

Um quadrado representa a disposição dos barcos do jogador e o outro representa a do oponente. No seu quadrado, o jogador coloca seus navios e, no outro, registra os tiros que dá no oponente.

Antes do início do jogo, cada jogador coloca seus navios nos quadros, alinhados horizontalmente ou verticalmente. O número de navios permitidos é igual para ambos e os navios não podem se sobrepor nem se tocar.

Uma vez posicionados os navios, o jogo ocorre em turnos. Em cada turno, um jogador diz a localização de um quadrado no tabuleiro do oponente (usando as letras e os números, por exemplo, B10). Se houver parte de um navio nesse quadrado, coloca-se um X e avisa-se o adversário que ele atingiu o navio. Se não houver, coloca-se um ponto e diz "água" ao adversário, para que ele saiba que seu tiro não atingiu nenhum barco. Ganha quem afundar todos os navios do adversário.

Os tipos de navios são:

1 porta-aviões (5 quadrados adjacentes em forma de T);

4 submarinos (1 quadrado apenas);

3 barcos de dois quadrados;

2 barcos de três quadrados;

1 barco de quatro quadrados.

Mapas

Ainda para as crianças do 3º ou 4º anos, você pode preparar um mapa do entorno da escola, ou ainda reproduzir um mapa de ruas e buscar localizar, nessa representação, a escola e outros pontos conhecidos de seu grupo de alunos.

Outro importante conteúdo é o estudo das formas no espaço. Ao preparar propostas para o trabalho com esse conteúdo, você vai se deparar com uma questão: Que figuras? Tridimensionais, os poliedros, ou as planas, os polígonos?

Os poliedros são formados por figuras planas – os polígonos, que se ligam por seus lados. Cada um desses polígonos é chamado **face**.

Os lados de cada dois polígonos que compõem as faces são chamados **arestas**.

A interseção de três ou mais arestas são os **vértices** do poliedro.

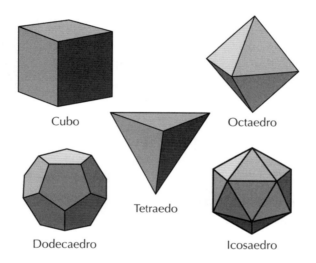

Figura 6.1 Poliedros

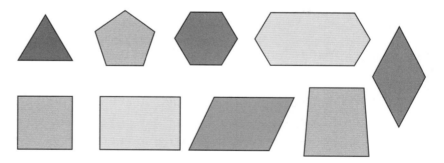

Figura 6.2 Polígonos

Os livros didáticos já abordaram apenas as figuras planas, evitando o estudo dos poliedros, acreditando que assim o estudo das figuras seria facilitado.

Geometria – que espaço?

Vamos pensar: como se constitui nossa forma de olhar o mundo na escola? Se o vemos e o reconhecemos tridimensionalmente, por que o representamos e o estudamos a partir de figuras planas? Defendemos o ensino de uma Geometria viva, que faça sentido para nossos alunos e desenvolva suas habilidades de perceber, analisar e representar o mundo.

Ora, se o mundo se apresenta às nossas crianças de forma tridimensional, por que a escola deveria seguir um movimento contrário, abordando, antes dos poliedros, as figuras planas? Até agora estudamos deslocamentos, e as propostas envolveram crianças do 1º ou 2º ano, ou seja, de 6 ou 7 anos de idade. Se estudamos deslocamentos no espaço, descrevendo-os, é porque acreditamos na possibilidade dessas crianças perceberem e analisarem figuras tridimensionais, posto que o espaço é tridimensional.

Nesse cenário, consideramos ainda nossa concepção de aprendizagem: as crianças aprendem Geometria transformando objetos, visualizando, desenhando, desmontando, ou seja, em situações em que se envolvem em experiências ricas de sentido com as figuras, e não apenas escutando atentamente o que lhes diz o professor.

As crianças pensam assim...

Desenvolvemos uma atividade que nos parece bastante interessante: a investigação do entorno, a fim de nele encontrar figuras geométricas. Compartilhamos com vocês duas imagens que um grupo de alunos, munidos de uma câmera fotográfica, conseguiu ao visitar o entorno de uma escola das imediações do centro de São Paulo, em busca de formas geométricas na natureza:

Figura 6.3 Natureza
Fonte: Arquivo pessoal da autora

Note que as folhagens das árvores na primeira foto lembram o pneu de uma bicicleta, e o tronco retratado na segunda foto é marcado por retângulos, além de ele mesmo lembrar a forma de um cilindro!

O mais interessante foi que esse bosque é nossa passagem quase que cotidiana, e nunca havíamos percebido tamanha riqueza de formas na natureza. Ao serem convidadas a observar o entorno, as crianças perceberam detalhes que haviam passado despercebidos!

Isso vai ao encontro de nossa hipótese quanto ao potencial das crianças aprenderem Geometria quando envolvidas em uma atividade significativa.

Depois dessa investigação nas imediações da escola, convidamos as crianças a desenharem o que viram, e a presença de formas geométricas, principalmente as tridimensionais, foi marcante. Esse foi um grande desafio, pois observamos a natureza que é tridimensional, e solicitamos o registro em papel (que é plano), por meio de desenhos.

Geometria – que espaço?   99

Poliedros

Essa pode ser a oportunidade para você introduzir o trabalho com vistas, que pode ser de formas geométricas – poliedros, em acrílico. Posicione um poliedro de diferentes formas: observado de frente, de cima, de um lado e depois do outro. Escolha formas que possam gerar discussões, como pirâmide de base quadrada, comparada com a de base triangular.

A proposta de desenhar vistas pode gerar várias outras. Veja a que uma professora elaborou, a partir dos resultados que observou em sua sala de aula.

Observando o cubo desenhado à esquerda, desenhe as vistas:

Tabela 6.1 Tabela de vistas de dado			
	De frente	De lado	De cima

Esse trabalho deve ser retomado e aprofundado nos 4° e 5° anos, momento em que as crianças podem observar os poliedros e denominar algumas de suas características: **faces, arestas e vértices.**

A análise pode ser enriquecida com a elaboração de uma tabela:

Tabela 6.2 Tabela de números de faces, arestas e vértice			
Nome da figura	Número de faces	Número de arestas	Número de vértices

Com a tabela pronta, proponha à turma análises das informações e registre todas as possíveis relações entre as faces, os vértices e as arestas dos poliedros escolhidos. Sugerimos que você verifique com seus alunos:

- as faces de um poliedro, o número de arestas em cada face e que cada aresta está em duas faces;

- os vértices de um poliedro e que cada um dos vértices tem no mínimo três arestas e que cada aresta contém dois vértices;

- o número de vértices mais o número de faces é igual ao número de arestas mais 2, o que pode ser escrito da seguinte forma em matemática: V + F = A + 2.

Polígonos

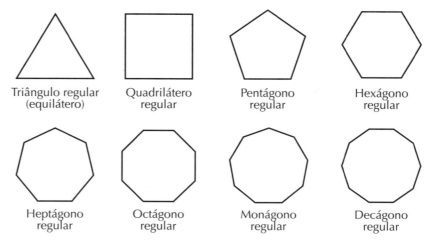

Figura 6.4 Polígonos

Vamos passar ao estudo dos polígonos, as figuras planas de acordo com os Parâmetros Curriculares Nacionais para a Matemática – identificação de figuras poligonais e circulares nas superfícies planas das figuras tridimensionais.

Observe que a redação do objetivo no documento curricular sugere a interdependência do estudo dos poliedros e dos polígonos. Como o que se busca é que as crianças percebam as figuras poligonais nas faces dos poliedros, sugerimos que você solicite que, em duplas ou trios, os alunos tomem um sólido geométrico, o apoiem na folha de papel e contornem com o lápis a parte apoiada.

Proponha a comparação entre as produções dos grupos, a partir do critério *número de lados*. Assim como nos poliedros, sólidos nos quais o número de faces é um critério de classificação, entre os polígonos acontece a mesma coisa: o número de lados é um critério de identificação: os que apresentam 3 lados são chamados triângulos, e os que apresentam 4 lados, quadriláteros.

As figuras desenhadas são planas, e em figuras planas, denominadas polígonos, cada lado é chamado de **segmento de reta**.

Segmento quer dizer parte, pedaço. A palavra vem do latim *segmentum*, que significa "corte". Segmento de reta é a parte da reta compreendida entre dois de seus pontos, que são chamados extremos. Ao colocarmos dois pontos sobre uma mesma reta, estes determinam um pedaço limitado dessa, o qual chamamos segmento de reta.

Você pode ainda trabalhar com dobraduras variadas, mesmo com crianças de 5º ano do Ensino Fundamental. Essa proposta costuma mobilizar as crianças, auxiliando o processo de atribuição de sentido aos conceitos abordados. Dobrando folhas de papel, você pode abordar o significado da dobra como a representação de uma reta. As retas representam uma direção e continuam além do papel, pois toda reta é infinita e qualquer representação será sempre uma parte da reta.

Solicite que os alunos façam uma dobra no meio e marquem dois pontos, A e B, na dobra. Depois, devem dobrá-la novamente de modo que A coincida com B, ou de modo que A fique em cima de B.

As crianças terão um papel marcado mais ou menos assim:

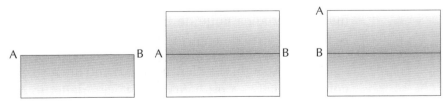

Folha dobrada no meio e marca dos pontos A e B

Ao observar o resultado das dobras com as crianças, você poderá falar sobre **retas perpendiculares** e ângulo reto.

Duas retas são perpendiculares quando têm quatro cantos com ângulos retos (cujo valor equivale a 90°).

Vamos aproveitar as dobraduras para abordar ainda o conceito de retas paralelas. Peça para que os alunos dobrem outra folha de papel exatamente ao meio. Em seguida, peça para que dobrem novamente, no mesmo sentido, colocando as extremidades sobre a dobra que já tinham. Peça que desdobrem e verifiquem quantos segmentos de reta têm representados.

Você terá um papel dobrado e marcado mais ou menos assim:

Folha dobrada ao meio; folha dobrada novamente e folha aberta com as dobras

Compare com as dobras na folha anterior, estabelecendo aproximações e diferenças entre os segmentos de reta representados.

Ângulos

Vamos abordar a noção de ângulo, associando esse conceito aos poliedros e polígonos estudados. A primeira noção de ângulo que as crianças elaboram se aproxima da ideia de giro, e é bem representada pelo giro que o corpo pode fazer. Você pode pedir para que uma criança fique de frente para outra e, sem sair do lugar, realize um giro até estar de frente novamente para o amigo.

Esse giro pode ser identificado como um giro completo ou uma volta completa. Ainda em duplas, siga pedindo que uma criança gire, para a direita ou para a esquerda, mas sem sair do lugar, até que fique de costas para o amigo. Peça para que elaborem um desenho que descreva o movimento. Veja a produção de um aluno do 5º ano:

Figura 6.5 Registro do movimento
Fonte: Arquivo pessoal da autora

O aluno adota a ideia das pessoas representadas estarem de bonés, a fim de apontar no primeiro desenho o ponto de partida, a modificação que o giro causa, no segundo desenho, e a volta a posição inicial. Ele ainda marca acima dos desenhos que representam giros o valor de cada um deles: 180º na transformação, que causa a mudança de sentido, e a permanência da direção, e o retorno.

Observar o giro e desenhar foi proposta a um grupo de crianças de 3º ano. Dessa vez, o giro observado foi de meia volta. Veja o desenho elaborado:

Figura 6.6 Registro do movimento
Fonte: Arquivo pessoal da autora

Observe que a criança do 3º ano registra apenas o resultado da transformação ocorrida depois do giro. A posição inicial não é registrada. No entanto, podemos afirmar que, considerando-se as especificidades entre as duas representações, cada uma delas faz uma aproximação à ideia em questão.

No 3º ano, é possível discutir com as crianças o conteúdo **posição**: de frente, de costas, de lado, e até mesmo pedir para que as crianças registrem com desenhos diferentes posições de pessoas e objetos. Esse trabalho pode ajudar as crianças a perceberem que a posição de uma pessoa ou de um objeto é uma questão de ponto de vista, de referência, o que pode contribuir para que a ideia de ponto de partida se estabeleça nos registros.

Ao longo do 4º e 5º anos, as crianças podem avançar na análise do conceito de ângulo, com base na ideia de giro, tendo-se em mente algumas ideias gerais, tais como:

1. o ponto de partida tem que ser conhecido;
2. o meio giro faz com que mudemos de sentido, mas não de direção;
3. uma volta completa mantém o **sentido** e a **direção**;
4. 1/4 de volta muda a direção e o sentido do deslocamento.

Na Matemática e na Física, **sentido** é uma propriedade associada a uma **direção**. Se considerarmos que uma direção pode ser representada por uma reta, cada direção pode ter dois sentidos, que indicam cada um dos dois percursos possíveis sobre esta direção, ou seja, sua orientação. Por exemplo, se considerarmos a direção vertical, os dois sentidos possíveis são para cima e para baixo.

Direção vertical: ↑ sentido para cima; ↓ sentido para baixo

Após estudar os giros, reserve para o 5º ano o estudo de ângulos retos. Aproveite as dobraduras que já trabalhou anteriormente, abordando o conceito de retas perpendiculares. Ao (re)dobrar na sequência das ações descritas, você terá:

1º passo:

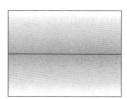

2º passo:

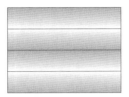

Dobradura

Após preparar essa dobradura, peça aos alunos que verifiquem os cantos da sala de aula, os cadernos, os livros e outros objetos do cotidiano, a fim de identificarem em quais desses objetos ou lugares identificam ângulos retos.

Ângulo reto é o ângulo formado por duas retas perpendiculares cujo valor equivale a 90 graus. Veja abaixo o desenho do ângulo reto:

Estas são algumas sugestões de abordagem de conteúdos relacionados à Geometria. Espero que sejam um ponto de partida para que você continue pensando e criando propostas que desafiem o pensamento geométrico de seus alunos!

7 Como tratar a informação nos anos iniciais do Ensino Fundamental?

Em um mundo dinâmico como o que vivemos, as informações se sobrepõem muito facilmente, o que acaba por tornar importante o uso de tabelas e gráficos para organizar, ler e interpretar informações. A experiência com esse tipo de conteúdo, denominado **tratamento da informação**, contribui para a formação de cidadãos autônomos e críticos.

No entanto, foi somente com a publicação do documento curricular brasileiro (Parâmetros Curriculares Nacionais) que a escola, os professores, os especialistas e os autores de livros passaram a considerar sua abordagem como conteúdo ainda nos anos iniciais da escolarização.

Nas propostas referentes a esse bloco de conteúdo, é importante que a criança se aproxime da leitura e da interpretação de informações que aparecem em jornais, revistas ou livros didáticos, organizadas em tabelas e gráficos.

Vou compartilhar com você algumas propostas e seus resultados que podem ser reformulados, ampliados e organizados para sua inclusão em salas de aula dos anos iniciais do Ensino Fundamental.

Para as crianças menores, peça para que cada uma escreva seu nome em um retângulo de cartolina e cole em um pedaço de papel *craft*, construindo um gráfico no qual no eixo horizontal apareçam as idades e no eixo vertical o número de alunos. Você pode aproveitar esse encaminhamento com grupos de alunos mais velhos, variando a forma de coletar dados, como, por exemplo, pedindo para que entrevistem os amigos e consigam a idade de ao menos dois deles.

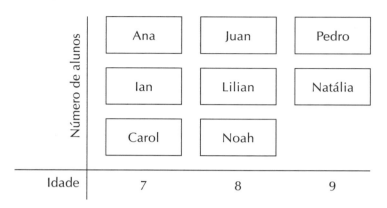

Gráfico 7.1 Alunos por idade

Depois de coletados os dados e construído o gráfico, faça perguntas tais como: qual a idade mais frequente nessa turma? E a menos frequente? Qual a idade do mais novo? E do mais velho? E, para as turmas de alunos mais velhos, qual a idade da maioria da turma?

Explore variações desse encaminhamento, como a construção de um gráfico com os meses de aniversário de cada criança. Veja uma possibilidade de organização dessas informações abaixo:

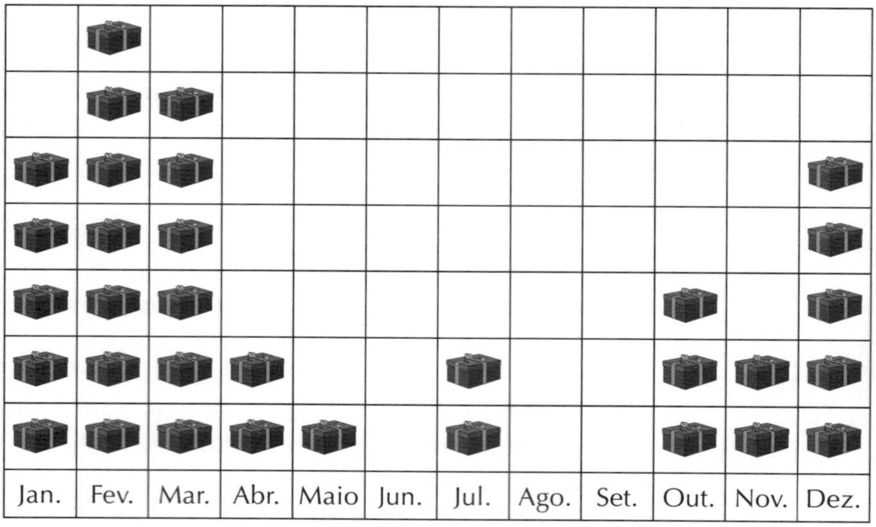

Gráfico 7.2 Aniversários por mês

De acordo com a idade de seus alunos e os conhecimentos que você observar que já foram construídos, você pode explorar relações com outros conteúdos matemáticos, como, por exemplo: a construção do número em situações de classificação, seriação e relações temporais, a representação numérica dos meses, a identificação dos períodos do ano: mês, bimestre, semestre.

Se você atua com crianças maiores, lance uma situação que pode ser fictícia, como essa: numa escola com 360 alunos foi feito um levantamento para saber quais os calçados usados pelas crianças. Foram obtidos os seguintes resultados: a metade usa tênis, a quarta parte usa sapatos, a oitava parte usa sandálias e os demais usam qualquer tipo de sapato.

Peça para que os alunos representem essas informações em um círculo, que você entregará já recortado, ou aproveitará habilidades de contorno já desenvolvidas em aulas de Geometria.

Figura 7.2 Modelo de círculo

Questione seus alunos: quantos alunos usam tênis? Quantos usam sapatos? E sandálias? Quantos usam qualquer tipo de calçado? Qual o calçado que está na moda? (observe que o sentido da expressão "estar na moda" corresponde a uma noção estatística).

O trabalho com esse conteúdo pode impulsionar a aprendizagem de conteúdos variados. Há algum tempo, uma professora do 4º ano elaborou uma proposta para sua turma, e, após a discussão, concordamos com a possibilidade de os encaminhamentos envolverem ideias da multiplicação. A figura abaixo mostra uma aproximação da proposta elaborada:

Veja o pictograma abaixo:

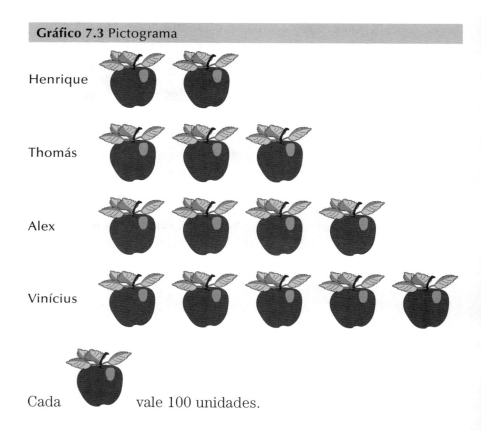

Gráfico 7.3 Pictograma

Cada 🍎 vale 100 unidades.

Observe e calcule:

Quantas maçãs tem Henrique? _____

Quantas maçãs têm Thomás e Alex juntos? _____

Quantas maçãs tem Vinícius? _____

Ao socializar as respostas de seu grupo de alunos, essa professora percebeu que muitos deles não haviam feito contas. Ao questionar seus alunos sobre como haviam calculado os totais solicitados, alguns justificaram dizendo:

Como tratar a informação nos anos iniciais do Ensino Fundamental?

"Eu pensei assim: se cada maçã vale 100, então eu só contei a quantidade de cada menino e acrescentei os zeros da centena. Outros justificaram escrevendo sentenças matemáticas, como 4 x 100 = 400."

Considere os conteúdos que você aborda em números e operações, geometria ou grandezas e medidas e trace paralelismos entre eles e as informações que quer tratar matematicamente com seus alunos. Aproveite eventos esportivos, internos da escola ou não, ou ainda situações sociais, como eleições, plebiscitos, ou algo que mobilize a opinião das crianças, como dilemas éticos vividos pela sociedade ou pelo grupo de alunos. Colete dados, organize-os em tabelas, transfira-as para gráficos variados. Ou busque gráficos em jornais e revistas, e promova uma discussão em busca das informações neles organizados. ■

8 Avaliação e (re)planejamento das ações docentes

Quero compartilhar com você o que tenho pensado sobre uma questão especial no ensino de forma geral, e mais ainda quando falamos no ensino de Matemática: a questão da avaliação.

A área da Matemática, por ser uma ciência exata, foi marcada por opostos em relação à avaliação: ou a resolução elaborada pela criança está certa ou errada. Esse pêndulo, sempre em constante movimento, ora aponta para uma criança que seria boa em Matemática, teria talento para estudá-la, compreendê-la, ou aponta para um aluno sem esse talento.

Essa concepção de ensino e aprendizagem ainda traz em seu bojo uma classificação nefasta para quem aprende: os bons em Matemática seriam os "inteligentes". Em contrapartida, aqueles que não apresentavam bons resultados eram considerados definitivamente excluídos do seleto grupo dos "inteligentes".

E a avaliação esteve a serviço dessa concepção. Já presenciei situações de sala em aula nas quais uma criança se aproxima da mesa da professora, com sua produção em mãos, a fim de receber sua avaliação, e recebe como resposta apenas um "está errado". Onde está o erro? O que levou ao erro?

Ao adotar a perspectiva de que aprender Matemática é estabelecer relações, não estamos apenas transferindo o papel de protagonista para o aluno, mas também aceitando que o processo envolve avanços, retrocessos, idas e vindas, nas quais o erro é não só aceito, mas imprescindível para o avanço.

Quando a criança se arrisca e expõe seu raciocínio – seja oralmente quando explica ao professor ou aos demais alunos, ou quando se aproxima do professor, com sua produção em mãos – ela precisa de nossa ajuda para analisar o que já foi feito, o que já foi pensado.

O que estou propondo é mais do que uma revisão dos processos avaliativos, sem abrir mão da exatidão característica da Matemática. A proposta é que se busque um espaço de ensinar e aprender no qual se investiga, se levantam hipóteses, se expõe o que se pensa, se testa aquela ideia que foi pensada, mesmo que antecipadamente, você professor, saiba que "está errado". Pense que o erro é o caminho para o acerto.

Acostume-se a ouvir seus alunos! Repare na forma como eles representam seu raciocínio, em como explicam o que fizeram, ou mesmo se não explicam! Tudo isso oferece pistas do que deve ser feito, de como replanejar sua ação.

Há algum tempo, em uma discussão com um grupo de professoras de 3º ano, nossa preocupação era a manifestação de escritas aditivas entre os alunos. A proposta de intervenção foi socializar com o grupo de crianças suas próprias produções.

Fizemos a seguinte pergunta: em um ditado de números, a professora ditou o número *quinhentos e trinta e dois*.

Uma criança escreveu esse número assim:

500302

Outra criança escreveu assim:

50032

E outra, escreveu assim:

532

Qual dos três amigos está certo?

Veja que a professora adotou as próprias produções das crianças para enfocar um assunto que julgou pertinente, pois a escrita aditiva persistia no início do ano letivo. Sabemos que o caminho

Avaliação e (re)planejamento das ações docentes

até que a criança construa as ideias aditiva e multiplicativa do sistema de numeração é longo, conforme vimos neste livro.

No entanto, sabemos também que as crianças estabelecem relações a partir do que já reconhecem, seja por informação ou por observação. Não importa que não saibam que o 5 de 532 equivale a 5×100, ou a $100 + 100 + 100 + 100 + 100$.

O que importa no início do 3º ano é que todos saibam, mesmo que por meio de observação, e mesmo que não tenham as justificativas matemáticas, que não existem zeros em 532, mas que eles são necessários em 500, ou em 502 e 520.

Espero que a leitura deste livro o ajude a ampliar sua reflexão a respeito da docência de maneira geral, e da Matemática em particular. Sabemos que nenhum livro é capaz de resolver todos os problemas da sala de aula, mas se oferecer algumas pistas, já nos ajuda sobremaneira!

Nesse sentido foi nosso esforço! ■

Referências Bibliográficas

BRASIL, **Parâmetros Curriculares Nacionais – Matemática**/Secretaria de Educação Fundamental, Rio de Janeiro, DP&A, 1998.

BEHR, M. J.; LESH, R. A.; POST, T. R. *Proporcionalidade e o desenvolvimento de noções pré-álgebra*. In: COXFORD, A. F. e SHULTE A. P. (Orgs.) **As ideias da álgebra**. São Paulo: Atual, 1995.

BITTAR, M.; FREITAS, J. L. M. **Fundamentos e metodologia de matemática para os ciclos iniciais do ensino fundamental**. Campo Grande: Editora da UFMS, 2005.

BROUSSEAU, G. **Théorie des situations didactiques**. Paris: La Pensée Sauvage, 1986.

LERNER, D.; SADOVSKY, P. *O sistema de numeração:um problema didático*. In: PARRA, Cecília; SAIZ, Irmã; [et al] (Org.). **Didática da Matemática: Reflexões Psicopedagógicas**. Tradução por Juan Acuña Llorens. Porto Alegre: Artes Médicas, 1996.

NUNES, T. et al. **Números e operações numéricas**. São Paulo: Editora Cortez, 2005.

OHLSSON, S. *Mathematical meaning and applicational meaning in the semantics of fractions and related concepts*. In: HILBERT, J. & BEHR M. (Eds) **Numbers concepts and operations in the middle grades**. 3ª ed. Reston: NCTM, 1991.

PIAGET, J. **Seis estudos de psicologia**. Editora Forense, 2003.

VYGOTSKY, L. S. **A formação social da mente: o desenvolvimento dos processos psicológicos superiores**. São Paulo: Editora Martins Fontes, 1998.

VERGNAUD, G. *La théorie des champs conceptuels*. In: BRUN, J. (direction) **Didactique des mathematiques**. Delachaux et Nestlé S.A, Lausanne, Paris, 1996.

_____. **El niño, las matemáticas y la realidad. Problemas de la enseñanza de las matemáticas em la escuela primaria**. México: Trillas, 1991 (reimp. 1997). ■

GRÁFICA PAYM
Tel. [11] 4392-3344
paym@graficapaym.com.br